Frank Krause

Haus des Gebets

FRANK KRAUSE

Haus des Gebets

EINTRETEN IN DAS MYSTERIUM GOTTES

„Denn mein Haus wird ein Gebetshaus
genannt werden für alle Völker."
(Jesaja 56,7)

GLORYWORLD-MEDIEN

1. Auflage 2009

© 2009 Frank Krause

© 2009 GloryWorld-Medien, Bruchsal, Germany

Bibelzitate sind, falls nicht anders gekennzeichnet, der Elberfelder Bibel, Revidierte Fassung von 1985, entnommen.

Das Buch folgt den Regeln der Deutschen Rechtschreibreform. Die Bibelzitate wurden diesen Rechtschreibregeln angepasst.

Lektorat/Satz: Manfred Mayer
Umschlaggestaltung: Kerstin & Karl Gerd Striepecke, www.vision-c.de
Foto: istockphoto
Druck: Schönbach-Druck GmbH, Erzhausen

Printed in Germany

ISBN: 978-3-936322-40-8

Bestellnummer: 359240

Erhältlich beim Verlag:

GloryWorld-Medien
Postfach 41 70
D-76625 Bruchsal
Tel.: 07257 903396
Fax: 07257 903398
info@gloryworld.de
www.gloryworld.de

oder in jeder Buchhandlung

INHALT

DANKSAGUNG

Für meine persönliche „Reise" und Erfahrung mit dem Gebet danke ich den inzwischen verstorbenen Schwestern Edith und Erika Halla, in deren Hausgebetskreis ich vor vielen Jahren eine Geborgenheit und Gemeinschaft im Gebet erleben durfte, die mich stets ermutigt und motiviert haben, niemals nachzulassen.

Ich danke meinem Gebetskreis, der sich gemeinsam mit mir auf die Abenteuer eines Gebetes eingelassen hat, das von ganzem Herzen nach Gott verlangt und sich von ihm selbst in Höhen und Tiefen tragen lässt, wohin kein Mensch je von alleine gelangen könnte.

Ich danke meiner Frau, deren unerschütterlicher Glaube eine Art von Fürbitte für mich installiert hat, die einem Fangnetz gleicht, welches unter den Akrobaten in einem Zirkus ausgespannt ist, um sie zu sichern, sollten sie fallen. Es hat schon eine Menge ausgehalten.

Das

HAUS DES GEBETS

ist nicht

die Kirche am Ende deiner Straße

oder irgendein anderes

dem Gottesdienst geweihtes Gebäude.

DU bist Gottes Gebetshaus!

Lynne Hammond

Das Haus des Gebets

Kommt, lasst uns ziehen hinauf zum Hause Gottes.
Im Geist und in der Wahrheit werden wir gewiss Einlass finden.
Wenn wir Söhne und Töchter sind,
werden die Pforten sich uns öffnen
und wir werden mit Jubel eintreten
und zu Hause sein im Tempel Gottes,
wo Gott alles und in allem ist.

Ein Haus, so wunderschön und einladend.
Ausgestreckte Arme, aufzunehmen die Kommenden
mit Herzlichkeit und Liebe.
Willkommen sind die Töchter und Söhne,
die schon immer hierher gehört haben.
Hier wohnt der Ruf nach den Verlorenen,
den Weg zurück nach Hause zu finden.

Dies ist der Ort, an dem wir werden, die wir sind.
Dies ist der Ort, der uns kennt und Raum für uns hat.
Der Tisch ist gedeckt; wir können uns setzen
und essen und trinken, bis wir fröhlich werden.

Das Gebet nimmt uns auf in sich
und wir nehmen das Gebet auf in uns.
Das Gebet geschieht in uns, und wir geschehen im Gebet.
In heiliger Umarmung vereint
tanzen wir mit Gott im Haus des Gebets
und die Gesichter strahlen.

Das Gebet ist Ausdruck des Lebens
und das Leben Ausdruck des Gebets.
Das Leben fließt im Gebet hin und her,
da ist eine Bewegung und ein Strömen.
Es erfasst uns und wir lassen uns ergreifen.
Wir erfassen es – obgleich es unfassbar ist –
und es lässt sich von uns ergreifen.
O Wunder!

Wenn ich zum Gebet rufe,
dann rufe ich nicht zu einer frommen Leistung,
in der unter der Last der Aufgabe gestöhnt wird.
Ich rufe zur Erhebung und zum Abschütteln des Staubes,
zur Erleichterung und zur Wahrwerdung,
wo jeder Trug fällt und der Schleier sich hebt.

Ich rufe zur Befreiung
von uns selbst zu uns selbst,
vom Tun zum Sein,
zum Vertrauen in den Einen,
in dem alles vereint wird
im Himmel und auf Erden
zu einem Haus Gottes im Geist.

Wir treten über die Schwelle ein
in das Mysterium Gottes.
Es selbst verwandelt uns in solche,
die das Unsichtbare sehen können,
das Unhörbare hören können,
das Unfassbare fassen können
im Haus des Gebets.

Das Haus des Gebets hat sieben Stufen
und Kammern voller Güter.
In ihm finden alle alles.
Die gesucht haben,
vergessen alle ihre Armut.
Im Haus des Gebets, da wohnt die Fülle.

Das Haus des Gebets,
es blitzt in der Sonne,
es strahlt und tanzt,
es ist lebendig wie alles,
was Gott geschaffen hat.

Halleluja!

PROLOG

Kommt, lasst uns ziehen
hinauf zum Hause Gottes.
Im Geist und in der Wahrheit
werden wir gewiss Einlass finden.
Wenn wir Söhne und Töchter sind,
werden die Pforten sich uns öffnen
und wir werden mit Jubel eintreten
und zu Hause sein im Tempel Gottes,
wo Gott alles und in allem ist.

Was kein Auge gesehen und kein Ohr gehört hat und in keines Menschen Herz gekommen ist, was Gott denen bereitet hat, die ihn lieben. Uns aber hat Gott es geoffenbart durch den Geist, denn der Geist erforscht alles, auch die Tiefen Gottes (1. Korinther 2,9-10).

Über Gebet zu schreiben, ist eine große Herausforderung, weil es die tiefen Geheimnisse des geistlichen Lebens berührt: die Geheimnisse der unaussprechlichen Begegnung Gottes und seiner Kinder im Haus des Gebets – von Angesicht zu Angesicht. Was das Gebet heutzutage so flach und leer macht, ist die Abwesenheit des Geheimnisses, der Begegnung und des Angesichtes Gottes. Scheinbar weiß niemand mehr den Weg ins Heiligtum und Gebet wird zu einer formelhaften Pflichtübung, indem etwa jeden Sonntag das „Vaterunser" aufgesagt wird.

Das vorliegende Buch will Appetit auf mehr machen, auf sehr viel mehr. Gott ruft uns zu nichts weniger als zu einer wirklichen Vereinigung mit ihm. Das „Haus des Gebets" wird der Ort der Begegnung, ja, einer Verwandlung, die nichts lässt, wie es war, die alles verändert. Heutzutage finden wir leider viel Gebet, welches gar nichts verändert, schon gar nicht die Beter selbst. Darum müssen wir zurückfinden zum Ausgangspunkt – zum Gebet „in Geist und Wahrheit", wie Jesus in Johannes 4,23 sagt.

Wenn der Geist uns ergreift und uns die Wahrheit über uns selbst und über Gott offenbart, wird es uns „wie Schuppen" von den Augen fallen, und wir beginnen *zu sehen*. Haben wir zuvor nur über Gott gehört, hören wir nun von ihm persönlich. Haben wir zuvor nur schemenhafte Vorstellungen von geistlichen Wirklichkeiten wie den Thron Gottes, den Himmel oder die Engel gehabt, nehmen wir sie nun im Geist und in der Wahrheit deutlich wahr. An der Hand des Geistes und in kindlicher Wahrhaftigkeit betreten wir das „Haus des Gebets", in dem wir viele Abenteuer erleben, von denen wir nicht zu träumen wagten. Wir machen die glückselige Erfahrung, dass uns das Haus *kennt* und auf uns *gewartet* hat. Wir entdecken zu unserem Erstaunen, dass dort ein Tisch mit vielen Stühlen steht – und einer davon gehört uns. So unbekannt uns Vieles ist, so bekannt fühlt es sich dennoch an. Unser Herz entdeckt die erschütternde Wahrheit, dass dies unser eigentliches „Zuhause" ist, wo wir keine *Gäste* sind, sondern Mitglieder der Familie. Wir hatten es nur vergessen …

Wir lernen, dass es im Haus des Gebets nicht um die *Ableistung* einer Gebetspflicht geht, sondern darum, einander *zu lieben*: Gott liebt uns zuerst und dann lieben wir ihn zurück. Das ganze Gebet findet sich in diesem Hin und Her der Liebe wieder und ist Ausfluss dieser Bewegung. Gebet, welches sich Gebet nennt und weder Liebe noch Bewegtheit atmet, ist kein Gebet in Geist und Wahrheit, sondern ein menschlich-religiöses Imitat, welches Gott nicht gefallen kann – und wenn wir ehrlich sind, auch uns nicht. Sowohl wir wie auch Gott wollen das „Echte"! Und darum geht es in diesem Buch.

KAPITEL 1

Über die Schwelle

Ein Haus, so wunderschön und einladend.
Ausgestreckte Arme, aufzunehmen die Kommenden
mit Herzlichkeit und Liebe.
Willkommen sind die Töchter und Söhne,
die schon immer hierher gehört haben.
Hier wohnt der Ruf nach den Verlorenen,
den Weg zurück nach Hause zu finden.

Und er zog sich ungefähr einen Steinwurf weit von seinen Jüngern zurück und kniete nieder, betete und sprach: Vater, wenn du diesen Kelch an mir vorübergehen lassen wolltest – doch nicht mein Wille, sondern dein Wille geschehe! Es erschien ihm aber ein Engel vom Himmel, der ihn stärkte. Und als er in ringendem Kampf war, betete er heftiger. Es wurde aber sein Schweiß wie große Blutstropfen, die auf die Erde herabfielen ... (Lukas 22,41-44).

Gebet ist nicht etwas, das man tut, sondern etwas, in das man eintritt. Der Eintrittspreis ist: „Nicht mein, sondern dein Wille geschehe." Der Kampf ist, darin zu bleiben und nicht wieder aus dem erlangten Stand zu fallen.

Das verlangende Geschehenlassen des Willens Gottes bringt uns in einen Raum, den wir nicht in eigener Kraft und Weisheit betreten können. Jesus betete diese Worte im Garten Gethsemane, als er genau wusste, was in Kürze an entsetzlichem Verrat und Leiden über ihn kommen würde. Er betete in „ringendem Kampf", wie dort in Lukas 22 berichtet wird. In diesem kämpferischen Gebet ging es Jesus darum, sich nicht an die Angst und Bedrängnis der Stunde zu verlieren, sondern in Gott zu bleiben. Und darum geht es immer. Wann immer wir zum Gebet kommen, geht es zuerst um die Sammlung zu Gott. Je schwieriger die Lage ist, desto wichtiger diese Sammlung. Es mag aufgrund bedrängender Umstände schwer sein, seine Aufmerksamkeit von ihnen loszueisen und auf den hinzuschauen, der immer die Lösung ist und hat, aber es ist unerlässlich. Darum beten gute Beter in schwierigen Situationen nicht weniger, sondern umso mehr. Dies mag dem außen stehenden Betrachter ganz unsinnig erscheinen, da die Umstände rasches Handeln doch gerade zu gebieten scheinen, aber wehe, wer sich darauf einlässt und ihrer Führung folgt! Den reißen die widrigen Umstände und Probleme fort und tragen ihn als ihre Beute davon.

Es geht im Gebet – egal ob allein oder in der Gruppe – nicht sofort um Anliegen und Bitten, sondern um eine „Synchronisation" mit Gott. Wohinein auch immer wir uns verloren haben, ob Ängste, Sorgen, Zweifel, Zerstreuung, Verwirrung, Gefühlschaos, Streit und Stress oder was auch immer, wir müssen unsere ganze Seele – Denken, Fühlen und Wollen – erst wieder unter die Herrschaft Gottes bringen und unter seinen Willen sammeln, wie die Henne ihre Küken unter ihre Flügel holt, dann kommt alles Weitere. Es geht darum, dass wir unser ganzes Sein inklusive aller Anliegen und Anfechtungen in Gottes Gegenwart stellen, damit das geschieht, was Gott will, und nicht, was alles andere will oder was wir selbst wollen. Dies mag einige Mühe kosten und wir lesen, wie in der Stunde der Bedrängnis Jesu „sein Schweiß wie Blutstropfen" wurde, so intensiv war der Kampf um das Bleiben unter der Hand Gottes. Wer zu diesem Ringkampf bereit ist, der erhält allerdings auch den gleichen himmlischen Beistand wie Jesus: *„Es erschien ihm aber ein Engel vom Himmel, der stärkte ihn."* Unsere eigene Willensstärke reicht niemals aus, um im Gebet auszuharren, bis jeder Widerstand gebrochen und jedes Hindernis beseitigt ist und wir mitten im noch so großen Stress völlige Ruhe finden und in einen Zustand des Triumphes eintreten.

Wir müssen uns klarmachen: Gott hat absolut keine Angst vor irgendjemandem. Schlagen wir uns also klugerweise auf seine Seite! Er hat ganz zweifelsohne das letzte Wort. In diese Gewissheit einzutreten, heißt, in den Triumph einzutreten, der das „Haus des Gebets" allezeit erfüllt.

Nun ist uns das ganze Ausmaß unserer Zerrissenheit und Verlorenheit selten bewusst. Selbst nach einer stundenlangen Gebetsnacht mag es sein, dass wir noch nicht einmal den Zustand der Sammlung erreicht haben, geschweige denn, dass wir in den Triumph Gottes gelangt sind.

Das mag frustrierend sein. Aber wenn wir schon einmal wissen, dass der Triumph *auf jeden Fall da ist* und es nicht darum geht, ihn durch großartige Gebetsleistungen zu bewirken, sondern in ihn *einzutreten* durch das Erlangen eines beruhigten Zustandes und den Beistand eines Engels, der uns stärkt, dann sieht die Sache gleich ganz anders aus.

Wir können den Heiligen Geist bitten, uns unseren wahren Zustand zu zeigen und uns aus der Zerstreuung und Angst zu sammeln. Jedes wahre Gebet beginnt mit dieser „Inventur", diesem „Ins-Licht-Treten" und ganz wahr werden. Was *wirklich* mit uns los ist und wo unsere Seele wirklich hängt und wie wir den Weg in den Triumph gehen können – davon wissen wir herzlich wenig, und ohne Offenbarung des Heiligen Geistes und „Stärkung vom Himmel" können wir unmöglich triumphal beten. Das Eingeständnis, dass wir *wirklich* keine Ahnung haben und *unbedingt* den Heiligen Geist brauchen, ist die Demut, die der Schlüssel zum Himmelreich ist. Die Demütigen empfangen die nötige Gnade, die Stolzen scheinen sie nicht zu brauchen und gehen darum leer aus. Im Haus des Gebets findet man ausschließlich Demütige. Manche erfahrenen Beter fallen über den Stolz, weil sie meinen, doch schon so viel zu wissen, dass sie ihre Totalabhängigkeit vom Heiligen Geist nicht mehr so ganz einsehen. Manche fangen an, die anderen ungefragt zu belehren und ihr *Wissen* als Schlüssel für die Türe des Hauses des Gebets zu präsentieren. Aber die Lebendigkeit und die Freiheit des wahren Gebets sind nicht im Wissen, sondern im Geist. Und dieser braucht von uns immer neu die Demut, von unserem Wissen abzulassen, um uns wie Kinder führen zu können, wie er will.

Die Ergebung in den Willen Gottes braucht das Niederlegen unseres Glaubens an unsere Erkenntnis. Viele Christen sind schon über ihre „Erkenntnis" gestolpert. Die Schrift sagt unmissverständlich zwei Dinge. Erstens: All unser Wissen ist Stückwerk (1. Korinther 13,9). Zweitens: Erkenntnis bläht auf, aber die Liebe baut auf (1. Korinther 8,1). Gehen wir im Gebet den Weg der Erkenntnis, werden wir – gebunden an unsere Erkenntnis und Erfahrung – nicht weiterkommen und zu unbeweglich sein für den Geist. Wir werden törichterweise versuchen, selbst ihn mit unserer anmaßenden Meinung über unseren „hohen Stand" gemäß unserer Erkenntnis zu bestimmen. Gehen wir aber den Weg der Liebe, haben wir völlige und heitere Gelassenheit, müssen uns nicht hervortun und niemanden ungefragt belehren. Wir werden neue Erfahrungen machen und wie immer davon überrascht werden, wie wenig wir in Wahrheit doch gewusst haben …

Nun wird aber auch ohne den Heiligen Geist und ohne den Engel, der uns stärkt, ohne Licht und Wahrheit eine *Menge* gebetet. Überall und von allen Kirchen wird Gebet „veranstaltet". Es umrahmt den Gottesdienst und wird als wichtig hochgehalten. Dennoch kommt zur „Gebetsstunde" nur ein winziger Bruchteil der Gemeinde und immer dieselben. Zumeist handelt es sich dabei um ein paar ältere Frauen, die nichts anders zu tun haben. Auch die Gebete sind immer dieselben und wiederholen sich endlos, bis sich das Ganze totläuft und alle genauso schlafen wie damals die Jünger, die weder wussten, was wirklich los war, noch welch ein heftiger Kampf im Geiste eigentlich ausgefochten wurde. Die Ignoranz der Jünger in dieser entscheidenden Stunde musste für Jesus eine schwere Prüfung gewesen sein und ein Vorgeschmack auf die große Verlassenheit, der er bald am Kreuz zu begegnen hatte. Ich nenne diese Art des „veranstalteten Gebets" mit seiner traditionellen Gleichförmigkeit ein „blindes Gebet" oder „schlafendes Gebet". In ihm gibt es keine Bewegung, die dem Leben zu eigen ist, sondern einen Stillstand, der ein Kennzeichen des Todes ist.

Das Gebet ist ein heiliger Raum, den wir betreten – und wir wissen den Weg nicht, sondern müssen uns vom Heiligen Geist führen lassen. Ich hoffe, dass das bis hierher klar geworden ist. Auch haben wir nicht die Stärke, den Kampf zu kämpfen, den es braucht, um uns von allem anderen freizumachen und als *ganze* Personen in die Gegenwart Gottes zu kommen und mitgehen zu können, wohin auch immer Gott mit uns gehen will. Auch wir brauchen den Beistand des Heiligen Geistes und der Engel, um durchzustehen und durchzukämpfen bis zum Triumph. Viele Christen scheitern schon im Vorfeld des eigentlichen Gebets an ihrer inneren Zerstreuung und Schwachheit, wissen aber nichts von einem Beistand durch den Geist und durch die Engel. Sie kämpfen für sich alleine auf verlorenem Posten mit ihrer mächtigen Ungesammeltheit und kommen nicht einen Schritt weiter. Solch eine Gebetserfahrung ist sehr frustrierend und hat viele Beter aufgeben lassen, was eine Tragödie ist. Ohne Hilfe von oben ist Gebet eine Unmöglichkeit. Sie braucht immer und ausnahmslos das Zusammenwirken von zwei Parteien: die eine sind wir, die andere Gott. Es ist eine Kooperation, ein Gemeinschaftswerk.

Und schließlich müssen wir in einen mit Gott *übereinstimmenden Zustand* kommen, um wirklich in Interaktion mit ihm zu treten und gemeinsame Sache mit ihm zu machen. Das heißt, wir können das Haus des Gebets nicht betreten, es sei denn, wir sind zuerst *heilig*, denn Gott ist heilig (1. Petrus 1,16). Und der Anfang der Heiligung ist wiederum: „Nicht mein, sondern dein Wille geschehe". „Heiligung" ist eine Übergabe des Eigenwillens an den Willen dessen, der mehr für uns will, als wir überhaupt in der Lage sind, selbst für uns zu wollen. Unser Wille ist schwankend und schwach. Ihn einem größeren und stärkeren Willen anzuschließen, kann eine sehr kluge Entscheidung sein! Wenn wir angesichts einer Krise nicht mehr wissen, ob wir wirklich und immer noch wollen, was wir wollen, dann ist Gott in seinem Willen immer noch unerschütterlich. Wo unser Wille einknickt, bleibt Gottes Wille stabil. Als Jesus in Gethsemane seinen Willen dem Willen Gottes hingab, erfuhr er sofort eine mächtige Stärkung und konnte einen schicksalsschweren Kampf durchkämpfen, von dem seine schlafenden Jünger nur träumen konnten!

Je klarer uns wird, dass Gott das „Gute, Wohlgefällige und Vollkommene" will (Römer 12,2), und dass sein Wille in einer *sehr mächtigen Weise* will, was er will, desto mehr lassen wir den Widerstand dagegen sinken und verbünden uns lieber mit ihm und lassen uns von ihm mitnehmen hinein in das Heiligtum, von dem wir rein gar nichts verstehen. Wir können es uns so vorstellen, dass unser Wille die Kraft eines Fußgängers hat, der Wille Gottes aber die Kraft eines Pferdes. Wenn wir klug sind, steigen wir auf das Pferd und kommen wesentlich besser voran und viel weiter, als wir es zu Fuß je könnten. Dabei muss uns zunächst klar werden, dass Gott im Grunde genau das Gleiche will wie wir und wir genau das Gleiche wie er. Gottes Wille und unser Wille sind einander gar nicht entgegengesetzt, wie uns Generationen von Theologen weismachen wollten. Auch wir wollen doch das Gute, Wohlgefällige und Vollkommene. Oder wollen wir etwa das Schlechte, Abscheuliche und Kaputte? Auch wir wollen die Anfechtungen und Schwierigkeiten überwinden, auch wir wollen gerade und aufrecht bleiben und ein Leben voller „Glauben, Hoffnung und Liebe" führen anstatt voller Furcht, Hoffnungslosigkeit und Niederlagen. Solange wir Gott als unseren Gegner betrachten oder seinem Willen gegenüber Misstrauen hegen, können wir im Gebet unmöglich eins mit ihm werden und ganze Sache mit ihm machen. Zahllose Christen sind in ihrem Gebet gelähmt, da sie insgeheim davon ausgehen, Gott habe etwas gegen sie und sei keineswegs bereit, sie auf seinen Rücken zu nehmen, wie das Pferd, und mit ihnen loszureiten. Sie fühlen sich unwillkommen, ungenügend und verdammenswert, was sehr wirksame Hindernisse sind zu einem Gebet, welches doch Heiligkeit braucht – Einheit mit Gott.

Die Lösung für dieses Problem ist, dass wir zunächst über diese Empfindungen *vollkommen ehrlich* werden und sie Gott vorlegen, denn dann verlieren sie ihre geheime Macht über uns. Wahrhaftigkeit ist stets der Schlüssel zur Befreiung. Wenn wir uns ohne Wenn und Aber zu erkennen geben und zu unserer Verwunderung erleben, dass Gott über unseren wahren Zustand kein bisschen erstaunt ist und uns sogar hilft, unsere Befindlichkeit in Worte zu fassen und unsere ungeweinten Tränen zu vergießen, dann löst sich die innere Bremse und wir können auf dem Weg des Gebets einen Schritt weiter gehen.

An dieser Stelle wird deutlich, dass das wahre Gebet immer seelsorgerlicher Natur ist. Da wir kommen müssen, wie wir sind, müssen wir erst einmal die werden, die wir sind. Und da wir nicht wissen, wer wir sind und was uns so blockiert, wie wir es immer wieder bemerken, wenn wir uns mehr auf Gott einlassen wollen, ist dies der kritische Punkt auf der Schwelle des Hauses des Gebets. Nur wer seine Rollenspiele und Selbstinszenierungen ablegt wie alte Kleider und „nackt" wird, kann über die Schwelle treten und erhält dort andere und neue Kleider von Gott. Niemand geht in eigenen Kleidern in den Tempel. Dieses völlige Ehrlichwerden, das einem geistlichen Nacktwerden entspricht, braucht zwei Triebkräfte: Verzweiflung und Verlangen. Einerseits sind wir *endgültig* desillusioniert über uns selbst und fertig mit dem, was hinter uns liegt, andererseits wollen wir *unbedingt* haben, was vor uns liegt. Wir haben also nichts mehr zu verlieren, aber alles zu gewinnen. Schauen wir zurück, erstarren wir in Hoffnungslosigkeit wie Lots Frau zur Salzsäule. Schauen wir nach vorne, leben wir auf. Die Verzweiflung über unseren blockierten Zustand muss so groß werden, dass wir bereit sind, ein Risiko einzugehen. Die Verzweiflung spricht: Ich habe nichts zu verlieren! Ich werde mich nicht mehr verstellen und verbergen und im Gebet zurückhaltend und nichtssagend sein. Ich werde mein Herz ausschütten wie einst Hanna, deren Seele „erbittert" war und die „sehr weinte" und ihr „Herzeleid" im Tempel zu Silo ausschüttete (vgl. 1. Samuel 1,8.15). Die Verzweiflung spricht mit Ester: „Komme ich um, so komme ich um!" (Ester 4,16). Es gibt eine gottgefällige und gottgewirkte Verzweiflung, die uns aus der ewigen Erduldung des unglücklichen Zustandes und des Hinnehmens der Blockiertheit heraustreibt (vgl. 2. Korinther 7,10) wie der Rauch den Fuchs aus seinem Bau. Manche gutmeinenden Christen-Geschwister können aber gottgewirkte Bedrängnis nicht von weltlicher Depression und dämonischer Anfechtung unterscheiden, werfen den zu Recht Verzweifelten Unzufriedenheit vor und versuchen, die Bedrängnis mit allen Mitteln „wegzubeten". Sie kämpfen in ihrer Unkenntnis gegen Gott, was ein Trauerspiel ist. Wie viel Widerstand Gott in seinem eigenen Namen geleistet wird, ist aberwitzig.

Auf der Schwelle des Hauses des Gebets gibt es viele Tränen im Prozess des Wahrwerdens. Denn nur der Wahrhaftige kann eintreten. Lug und Trug haben im Haus des Gebets keinen Raum. Da werden die alten Kleider der Illusionen, die wir über uns hegten, zerrissen und wir streuen Asche auf unser Haupt. Wir stöhnen und seufzen wie in Agonie und Wehen. Auf einmal verstehen wir ganz genau, wie der Schweiß Jesu im Gebet in Gethsemane wie Blutstropfen werden konnte, denn auch wir finden uns in tiefer Erschütterung und intensiven Schmerzen wieder, denn die Wahrheit tut weh.

Es mag sein, dass wir überhaupt nicht verstehen, was mit uns los ist, weil es uns niemand gesagt hat und die Predigt in der Gemeinde sich darin erschöpfte, uns zu gutem Benehmen anzuhalten. Wer hat uns gesagt, dass Gott uns nackt ausziehen, waschen und neu einkleiden wird? Wer hat uns erklärt, dass auch wir durch unser Gethsemane gehen müssen, um in die Herrlichkeit des Hauses Gottes eintreten zu können? Wer hat uns den Beistand des Heiligen Geistes und der Engel erläutert und uns in unserem inneren Kampf verstanden?

Über die Schwelle des Hauses fällt ein Schimmer warmen Lichts, das uns ruft, einzutreten. Aber das Licht lässt uns auch sehen, wie wir wirklich aussehen und wie viel wir uns über uns selbst vormachen. Aber nicht nur uns, sondern auch den anderen und vor allem Gott. Die Verzweiflung über unseren Zustand der Falschheit lässt uns ehrlich werden bis auf die Knochen, nackt bis auf den Grund. Aber das allein reicht nicht aus. Es braucht auch die zweite Triebfeder, das verlangende Ergreifen der Hand, die sich uns mitten im Schmerz anbietet. Die Hand, die uns schlägt, ist die Hand, die uns heilt.

Die gottgewirkte Verzweiflung kann nur aufs ganze Maß kommen und ihr vollkommenes Werk in uns tun, wenn wir im Zerbruch der äußeren, verlogenen Strukturen, an die wir geglaubt und uns ein Leben lang gewöhnt haben, zu unserem Wesenskern – ein *Kind* zu sein – finden. Im Haus des Gebets finden sich nur Kinder: die Söhne und Töchter Gottes. Es geht nicht darum, sinnlos zu leiden – als würde Gott das gefallen! –, sondern darum, zu unserem wahren Selbst zu finden. Eine kluge Beterin sagte mir kürzlich, dass nur derjenige selbstlos sein kann, der sich selbst zuerst einmal gefunden hat. Wie können wir etwas loslassen, das wir nicht zuerst haben? Sich selbst vermeiden und ablehnen ist dabei etwas ganz anderes, als sich selbst in aller Freiheit und Liebe loszulassen. Das eine ist neurotisch, das andere Größe.

Finden wir durch allerlei Zerbruch der äußeren Schale zu uns selbst, wie wir wirklich sind, siehe da, genau an diesem Punkt finden wir zu unserer Überraschung auch zu Gott, wie er wirklich ist. Denn über niemanden – außer uns selbst – haben wir uns mehr „fromme" Illusionen gemacht, als über Gott. So wenig, wie wir uns selbst haben sein lassen, die wir sind, haben wir auch Gott sein lassen, der er ist. Genau wie wir uns selbst goldene Käfige gebastelt haben, haben wir diese auch für Gott konstruiert mit endlosen theologischen Kommentaren und Dogmen, die für einen *lebendigen* Gott keinerlei Verständnis haben.

Keine Denomination, kein Klerus, kein Bekenntnis, keine Veranstaltung, keine Form kann jemals Gott fassen oder auf sich beschränken und ihn verwalten. Aber jede institutionelle Kirche versucht genau das zu tun. Und nicht nur mit Jesus versucht sie das, der der Sohn Gottes ist, sondern auch mit den Menschen, die nach Gottes Bild geschaffen sind. Und nicht nur mit den Menschen, sondern auch mit dem Reich Gottes oder dem Geist, dem Leben, oder dem Glauben, der Liebe und der Hoffnung, und so weiter und so fort. Alles muss geregelt und zur Erfüllung des „Firmenzwecks" dienen. Damit werden Glaube, Hoffnung, Liebe und auch der Mensch und am Ende sogar Gott *instrumentalisiert*. Sie alle haben in der Hierarchie und im System nur eine zugewiesene Rolle zu spielen bzw. Aufgabe zu erfüllen ...

Alle unzählbaren kirchlichen Orthodoxien und theologischen Kommentare können auch nicht *ein Wort von Gott* fassen oder „endgültig" fixieren. Nur Gott kann das! Dies muss uns klar sein, sonst verlieren wir die notwendige Dynamik und hohe Erwartung, die uns den Kampf um den Eintritt ins Heiligtum führen lassen. Ohne dramatische Herausforderung und Erwartung, wovon das Evangelium in Wahrheit doch nur so strotzt, verfallen wir schnell in eine christlich-kirchliche Routine und Gewohnheit, die uns einschläfert. Alle Tausende von Kommentaren etwa zu dem bekannten Text über die Liebe in 1. Korinther 13 können die Liebe nicht im Geringsten fassen oder „endgültig" erklären. Nur die Liebe selbst kann das! Nur wer sich der Liebe – motiviert durch 1. Korinther 13 – hingibt, wird *von ihr selbst* berührt werden, durch diese Berührung verwandelt werden in einen anderen Menschen und dann etwas erlebt haben und weitergeben können, was über alle Worte, Erklärungen und Verwaltbarkeit hinausgeht. Ebenso ist es mit dem Glauben und mit der Hoffnung. So ist es mit dem Leben. Gott macht uns nicht zu Schriftgelehrten, sondern zu Zeugen.

Um alles zu regeln, brauchen Institutionen Kontrolle und bieten dann die Sicherheit, dass alles geregelt und unter Kontrolle ist: kontrollierte Liebe, kontrollierter Glaube, kontrollierte Gemeinschaft, kontrolliertes Gebet, kontrollierter Jesus, kontrolliertes Reich Gottes, kontrolliertes Leben usw. Fast unsere gesamte Theologie ist Kontrolltheologie. Sie setzt nicht frei, sie bindet. Sie sagt, wie alles theoretisch zu sein hat, ohne die entsprechende Kraft für die Praxis mitzuliefern.

Wir können es auch so sagen: Institutionalisierte Kirche will, dass die Gemeinde liebt, glaubt, hofft ... wie *sie* es sagt. Also Liebe, Glaube und Hoffnung *nach Vorschrift*.

Damit wird sie unweigerlich gesetzlich, mit der Gesetzlichkeit aber unterdrückend.

Nach jahrzehntelanger Gemeindearbeit ist meine seltsam anmutende Beobachtung die: Je mehr Gemeinschaft die Kirche *organisiert*, desto weniger Gemeinschaft scheint sich zu *ergeben*. Je mehr sie die Leute anpredigt, desto weniger scheinen sie zu begreifen. Je mehr sie die Dinge des Reiches Gottes zu regeln versucht, desto mehr scheinen sie zu verschwinden und in unerreichbare Ferne zu rücken. Mit dem Gebet ist es nicht anders. Das „geregelte" Gebet gleicht einer Hülle ohne Inhalt.

In Wahrheit sind das Leben, der Glaube, die Liebe usw. Größen, die man nur *empfangen* und denen man sich *hingeben* kann. Man kann Gott darum bitten und man kann sich dem Heiligen Geist hingeben, um von ihnen ergriffen und verwandelt zu werden, aber durch eine Theologie, Veranstaltungsreihe oder moralische Appelle ist es nicht im Geringsten zu bekommen und nicht im Geringsten zu „machen".

Es ist, als wollten wir den Ozean in einen Kanister füllen oder die Sonne in eine Lampe setzen. Über diese Elemente haben wir nicht die allergeringste Kontrolle. Auch weitere tausend Jahre Forschung werden uns nur näher an die Wahrheit heranführen, dass wir in Wahrheit keine Ahnung haben. Und wenn selbst das physische Leben so unendlich komplex und geheimnisvoll ist, dass wir nur demütig staunen können, wie ist das dann erst mit dem geistlichen Leben? Haben wir aber erst einmal dieses „Staunen" an die Routine verloren, sind wir nicht leicht wieder zu begeistern. Wir gewöhnen uns an einen ritualisierten, gleichförmigen Ablauf von Gottesdienst und Gebet, der uns das ursprüngliche und eigentliche Wunder und Geheimnis der Begegnung mit Gott im Gebet vergessen lässt.

Unser gegenwärtiger Wahn, alles zu rationalisieren, zu instrumentalisieren und zu kontrollieren hat die westliche Kirche durchdrungen und das Mysterium zerstört, das Heilige verloren gehen lassen und das Wunder abgeschafft. Übrig bleibt die Form ohne Inhalt, die Veranstaltung ohne Ereignis, der Buchstabe ohne den Geist. In unserem Verlangen, jedes Geheimnis Gottes, Geheimnis des Lebens, Geheimnis des Geistes, der Liebe, des Glaubens und der Hoffnung usw. aufzuklären und zweckrationalen Absichten zu unterwerfen, haben wir das alles seiner Größe beraubt und zunichtegemacht. Damit haben wir eine Menge Schaden angerichtet und uns viel angemaßt. Kein Wunder, dass dann Menschen in ihrem formalen, ereignislosen Buchstaben-Gebet sitzen und den unangenehmen Eindruck haben, ihre Gebete gehen nur bis zur Zimmerdecke und haben rein gar keine Kraft.

Wahre Theologie ist nicht so sehr orientiert an Regeln und Lehren, sondern an der *Begegnung mit Gott*, denn *dort* sind die Kraft und das Erstaunen zu finden. Jesus ist *kein* Buchhalter, sondern „der Weg, die Wahrheit und das Leben". Und sowohl der Weg, wie auch die Wahrheit und das Leben sind viel größer als unsere „professionelle Bibelauslegung" es je fassen kann. Sie werden nur von denen verstanden und begriffen, *die sich darauf einlassen*: Der Weg erschließt sich denen, die ihn gehen. Die Wahrheit offenbart sich denen, die wahr werden wollen. Das Leben nimmt diejenigen an die Brust, die voll verzweifeltem Verlangen danach schreien wie neugeborene Kinder nach der Milch.

Um in das Geheimnis Gottes einzutreten, müssen wir *vertrauen wie ein Kind*, welches keine Bedenken hat, an der Hand der Eltern unbekanntes Terrain zu betreten. Gottes Willen geschehen zu lassen, erfordert, wie schon gesagt, die gewisse Erkenntnis, dass Gott unbedingt auf unserer Seite steht, und dann braucht es kindliches Vertrauen, auf seinen Rücken zu steigen und loszureiten in eine Erfahrung mit Dingen, die größer sind, als unsere Kommentare und Predigten es je sagen und „deuten" können. Das Haus des Gebets kann man schlecht beschreiben, man muss es erleben. Draußen vor der Tür können wir uns eine Menge philosophische Gedanken darüber machen, was wohl hinter der Tür zu finden ist. Wir können religiöse Theorien darüber entwickeln, wie die Gegenwart Gottes wohl aussieht und sich anfühlt. Treten wir ein, ist alles ganz anders. Und ehrlich gesagt ist dies unsere einzige Hoffnung: dass alles ganz anders ist.

Kapitel 2

Geheimnis

Dies ist der Ort, an dem wir werden, die wir sind.
Dies ist der Ort, der uns kennt und Raum für uns hat.
Der Tisch ist gedeckt und wir können uns setzen
und essen und trinken, bis wir fröhlich werden.

Und sie brachten Kinder zu ihm, damit er sie anrühre. Die Jünger aber fuhren sie an. Als aber Jesus das sah, wurde er unwillig und sprach zu ihnen: Lasst die Kinder zu mir kommen! Wehrt ihnen nicht, denn solchen gehört das Reich Gottes. Wahrlich, ich sage euch: Wer das Reich Gottes nicht aufnimmt wie ein Kind, wird dort nicht hineinkommen. Und er nahm sie in seine Arme, legte die Hände auf sie und segnete sie (Markus 10,13-16).

Dies ist also der Schlüssel zum Reich Gottes: *„Wenn ihr nicht werdet wie die Kinder ..."*
Somit ist das, was uns dazu befähigt, das Haus des Gebets zu betreten und die Herrlichkeit Gottes zu sehen, nicht fromme Leistung, sondern furchtloses Kindervertrauen. Die Jünger Jesu hatten das – wie so oft und so vieles – nicht begriffen, und so ist es heute noch immer. Sie „fuhren" die Kinder bzw. deren Eltern „an". Sie meinten sicher, Gott habe schließlich Anderes, Wichtigeres, „Heiligeres" zu tun, als sich mit Kindern abzugeben. Aber

er hat eben ganz im Gegenteil nichts Anderes, Wichtigeres und Heiligeres zu tun, als gerade das.

Wie kommen wir zu solchem Kindervertrauen? Der obige Text verrät es uns: *„Und Jesus herzte sie und lege die Hände auf sie und segnete sie ... "* (Vers 16). Dies ist es, was wir brauchen, um wie die Kinder zu werden – und auch wie welche zu bleiben. Die Erfahrung des In-die-Arme-genommen-Werdens anstatt belehrt und korrigiert zu werden, die Erfahrung der Hände Jesu auf uns, die uns nicht runterdrücken, sondern aufheben, und die uns *anfassen* und nicht nur von Ferne grüßen, die Erfahrung des Gesegnetwerdens um unserer selbst willen und nicht nur, um für Gott Leistungen zu erbringen – das sind die Ingredienzien, die es braucht, um uns aufzuschließen für eine unverstellte und ungekünstelte Begegnung mit Gott im Haus des Gebets. Nur in der Haltung eines Kindes kommen wir über die Schwelle, sonst bleiben wir draußen im Vorgarten und mögen eine Menge Wissen über das Haus zusammentragen, aber wir *kennen* es nicht von innen.

Ein Haus ist ein Ort der Begegnung. Gott will uns im Gebet begegnen. Begegnung ist alles. Dass wir es in den christlichen Kirchen so überaus gut geschafft haben, die zentrale Bedeutung der Begegnung mit Gott aus dem Mittelpunkt des geistlichen Lebens und selbst des Gebets herauszunehmen und stattdessen „Pflicht, Gehorsam und Moral" an deren Stelle zu setzen, ist entsetzlich und fatal. Der Mensch lebt nicht von Pflicht, Gehorsam und Moral, sondern „von einem jeden Wort, das aus dem Munde Gottes kommt" (Matthäus 4,4). Hier steht nicht „von einem jeden Wort, das aus der Predigt, der Auslegung und der Tradition kommt, sondern *vom Munde Gottes.* Für mich klingt das nach einer mündlichen und nicht nach einer schriftlichen Kommunikation. Nach *direkter* Ansprache und nicht nach einer „Exegese" vom Prediger. Kinder brauchen den direkten Kontakt, um Kinder zu sein. Niemals wird ein Kind sich als Kind erleben, wenn es seinen Vater nur vom Hörensagen, aus Büchern oder Erlebnisberichten Dritter kennt.

Viele Christen beklagen, dass sie das Gefühl haben, ihre Gebete erreichten Gott nicht. Er scheint unerreichbar weit weg zu sein. Sie suchen dann Fehler in ihrer Art zu beten und wenden sich an vorformulierte Texte, die schöne und religiös geprägte Formulie-rungen aneinanderreihen. Oder sie schämen sich ihrer unge-sammelten Gedanken, die im Gebet hier- und dorthin wandern. Sie wollen es „richtig" machen und suchen nach der korrekten Formel, der Gott nicht widerstehen kann, nach der „würdigen" Haltung, die zumeist eine Geste der Unterwerfung darstellt, und nach einer künstlichen Art, „kanaanäisch" und „christianesisch" zu sprechen, was Gottes Ohren irgendwie aufmerken lassen soll.

Auf der Ebene des Klerus geht dies noch weiter mit detaillier-ten Regeln für liturgische Abläufe, für die es lateinische und grie-chische Spezialbegriffe gibt. Umrahmt wird dieses ritualisierte Be-ten mit uralten, magischen Zeichenhandlungen, die von „Geweih-ten" ausgeführt werden, um ihre geheimnisvolle Wirkung zu er-höhen. Ein solches Prozedere ist aber sicher nichts für Kinder. Und ein Mensch erfährt darin auch ganz bestimmt nichts von „Geherztwerden, Berührung und persönlicher Ansprache". Ganz im Gegenteil wird Gott zumeist als „unbegreiflich", „entrückt" und „unberührbar" dargestellt. Ohne besondere Mittelsleute, die Pries-ter, ist ihm schon gar nicht zu nahen. Selbst die Kirchengebäude atmen in ihrem Anderssein als normale Gebäude diese Aura der Trennung zwischen Gott und Mensch.

Ich glaube, dass dies alles für Gott ein Gräuel ist. Warum? Weil es den Zugang zur unmittelbaren Begegnung mit Gott nicht er-leichtert, sondern erschwert. Das ist es, was Jesus seinerzeit den Schriftgelehrten und Pharisäern immer wieder vorwarf. Wir wollen uns an dieser Stelle noch einmal über die „Frohe Botschaft" des Evangeliums klar werden: *Gott wurde in Christus Mensch.* Einer aus Fleisch und Blut, den man anfassen und mit dem man „von Angesicht zu Angesicht" reden konnte. So schreibt Johannes in seinem ersten Brief: „Was von Anfang an war, was wir *gehört*, was wir mit unseren Augen *gesehen*, was wir angeschaut und unsere Hände *betastet* haben vom Wort des Lebens ... verkündi-gen wir auch euch ..." (1. Johannes 1,1-3). Er wusste nicht nur etwas *über* Jesus, das „Wort des Lebens", sondern er hat eine sehr sinnliche, ja intime Erfahrung *mit* ihm gemacht, die ihn nun sehr plastische Worte finden lässt.

Der Jesus, wie er in den Evangelien beschrieben wird, benahm sich auffällig „normal". Er ist dort jemand, der in ganz normalen

Häusern ganz normalen Menschen begegnete, mit ihnen aß und Spaß hatte und sich ihrer annahm. Das Bild Jesu in den vier Blickwinkeln der Evangelien ist ganz ausgesprochen unsakral. Eine ganze Reihe von Reden und Handlungen kommen uns, wenn wir ehrlich sind, geradezu „unchristlich" vor. Jesus hatte offensichtlich keinen guten Draht zu den Frommen seiner Zeit, sondern verkehrte in Kreisen, die für die Religiösen erst gar nicht in Frage kamen. Wir sehen immer wieder den Dreiklang von Herzlichkeit, Berührung und persönlicher Ansprache. Jesus brachte Gott dahin, wo die Menschen waren – mitten in ihr Zuhause. Er baute keine Kirche, zelebrierte keine Gottesdienste und folgte keiner Agenda. Er war ständig in Bewegung und er brachte Bewegung in die Dinge. In seinen Reden ging es weniger um „Richtig und Falsch" als vielmehr darum, zu ihm zu kommen und mit ihm zu gehen mitten hinein in eine Begegnung mit Gott und eine Erfahrung seines Reiches.

Kommt her zu mir, alle, die ihr mühselig und beladen seid, und ich werde euch Ruhe geben ... (Matthäus 11,28).

Er sagte nicht: „Geht sonntags in die Kirche und folgt den genauen Anweisungen der Priester. Benehmt euch anständig und kniet andächtig nieder beim Gebet, dann ..."

Das Haus des Gebets wird in dem Moment betreten, wenn wir zu Jesus kommen, wie wir sind. Wenn wir mit unserer „Mühe und Last" knochenehrlich vor Gott werden, auf jegliches fromme Getue verzichten und auch Jesus damit in Ruhe lassen, dann sind wir in dem rechten Zustand, eintreten zu können. Im Haus des Gebets geht es ganz fundamental darum, Jesus sein zu lassen, der er *wirklich* ist, und selbst die zu sein, die wir *wirklich* sind. Dieses Wahrwerden ist die Basis jeder echten Begegnung – auch auf der Ebene der Menschen untereinander. Solange wir einander etwas vormachen, werden die Beziehungen oberflächlich und formell sein. Aber niemals kann das unser Herz zufriedenstellen oder unsere Seelen selig machen. Jesus ist Mensch geworden, um *zu uns* zu kommen – in *unser* Haus, an *unseren* Tisch, in *unsere* unmittelbare Gesellschaft. Jegliches ausschließende Verhalten, in dem wir Jesus etwa auf Kirchengebäude, Gottesdienste oder „stille Andacht" am Morgen beschränken, ist die Sünde, die alles verdirbt. Es geht doch darum, ihn einzulassen, und nicht darum, ihn rauszuhalten! Das will vielen nicht in den Kopf gehen. Sie halten das „Fromme" und das „Weltliche" streng getrennt. Der heilige Gottesdienst gehört Gott, der Rest der Woche ist profane Privatsache, die mit Gott nichts zu tun hat. Leute, die so denken, leben in zwei Welten und halten Gott komplett aus ihrem Alltag heraus. Dass er dann auch im Gottesdienst *nicht* zu finden ist, kann ja wohl keinen wundern!

Siehe, ich stehe vor der Tür und klopfe an; wenn jemand meine Stimme hört und die Tür öffnet, zu dem werde ich hineingehen und mit ihm essen, und er mit mir (Offenbarung 3,20).

Diese Verse zeigen genau den Eintritt ins Haus des Gebets bzw. ins „Haus der Begegnung". Ich denke nicht, dass Jesus hier an eine Kirchentür klopft, sondern er klopft bei jedem ganz persönlich an. Denn es geht um Herzensbegegnung, um Berührung und persönliche Ansprache. Alle, die Gott auf die Kirche und ihre Veranstaltungen beschränken, haben taube Ohren für sein Klopfen. Sie rechnen zu null Prozent damit, dass „der Herr" an *ihre* Türe klopfen könnte und ausgerechnet mit *ihnen* essen möchte an *ihrem* ganz normalen Tisch in *ihrem* völlig unsakralen Haus. Aber genau das will er, und genau dafür ist er gekommen. Denn dort, in *unserem* Haus an *unserem* Tisch bei einem ganz normalen Abendessen – nichts da von einem „heiligen Abendmahl" – da sind wir, die wir sind – ohne Anzug und Krawatte mit Gesangbuch auf den Knien und steifer Mine. Da laufen schreiende Kinder herum und wir schimpfen und lachen. Da wird das Vorzeigegesicht abgelegt und wir entspannen uns.

Solange Gott nicht an unseren Tisch kommen darf, solange haben wir das wahre Gebet nicht begriffen. Das wahre Gebet vereint uns mit Gott, bis auch kein Blatt mehr dazwischen passt. Er öffnet uns sein Haus und wir ihm unseres. Alle Trennung wird aufgehoben.

Bei Jesu Tod am Kreuz zerriss der viele Zentimeter dicke Vorhang im Tempel, der das „Allerheiligste" vor den Augen der „normalen Menschen" verbarg und sie am Zutritt hinderte. Einige meinen, dass die Kirche ihre ganze Mühe darauf verwandt hat, den Vorhang fein wieder zuzunähen, damit nicht etwa „jedermann" ohne „priesterliche Vermittlung" in die Gegenwart Gottes laufen könne. Heute müssen erneut Vorhänge und Decken ohne Ende zerrissen werden, die den unmittelbaren Blick auf das Heilige und den offenen Zugang zu Gott verhüllen und verstecken.

Jesus war und ist alles andere als verhüllt und versteckt. Er hielt sich nicht im Tempel auf, sondern zog durchs Land, offen zugänglich für alle – und die Menschen überschlugen sich schier, *„ihn anzurühren, denn Kraft ging von ihm aus und heilte alle"* (Lukas 6,19).

Jesus ist mit „Kirchlichkeit" nur schwer zu vereinbaren. Wenn wir das nur begreifen wollten! Er sucht *nicht* Exklusivität, sondern Inklusivität. Ihn interessiert der profane Montag viel mehr als der heilige Sonntag. Der Hang dazu, Jesus kirchlich zu vereinnahmen, ist grotesk.

Denken wir nur einmal an Weihnachten. Der „echte Jesus" in der echten Weihnachtsgeschichte, wie sie uns im Lukasevangelium berichtet wird, wurde weder in einer Krippe im Schwarzwald geboren, umgeben von frommen Eseln und Hirten in winterlicher Idylle, noch in einer Kathedrale oder in der kirchlichen Klinik „St. Christophorus". Weder an dem Stall, noch an den Tieren in dem Stall war auch nur der Hauch von etwas Sakralem. Der Stall hat genauso gestunken wie jeder andere Stall, und die Fliegen waren genauso real dabei wie alles andere Getier. Es lief keine leise Orgelmusik im Hintergrund und kein Mönchschor säuselte gregorianische Gesänge. Auch kam kein Geistlicher zu Besuch, sondern „Magier" aus dem Morgenland. Wie die Kirche es geschafft hat, daraus „drei heilige Könige" zu basteln, deren Knochen heute im Dom zu Köln als „hochheilige Reliquien" in einem goldenen Schrein im Zentrum der Kirche zur ewigen Verehrung liegen, ist zum Schreien.

Gott interessiert sich nicht im Geringsten für Reliquien, Kreuzgänge und Orgelmusik; er interessiert sich für *uns*. Er möchte in unser Leben eintreten und uns *dort* begegnen, wo wir so sind, wie wir wirklich sind. Wenn wir ihm die Türe zu uns öffnen, dann kommt er herein – und dann sind *wir* sein Haus. Gott wohnt nicht in Kathedralen, er wohnt in Herzen – wie wir auch.

Das ist das Evangelium.

Unsere Vorstellung vom Wesen des Evangeliums hat unmittelbare Auswirkung auf unser Gebet. Das Evangelium ist die Geschichte davon, wie Gott es uns leicht macht, zu ihm zu kommen, indem er uns entgegenkommt, in den Arm nimmt, berührt und persönlich anspricht. Wenn wir uns aufmachen, das wahre Gebet zu entdecken, können wir Gott um genau diese Erfahrung bitten: die Erfahrung seiner Arme, seiner Berührung, Segnung und Ansprache. Das wird uns mehr als alles andere helfen, zur Besinnung zu kommen und echt zu werden – Kinder. Um über die Schwelle des Hauses zu treten, ist diese Erfahrung unabdingbar. Sie macht uns bereit, an der Hand Jesu in der richtigen Gesinnung und Haltung einzutreten in neue Räume und Erfahrungen mit Gott.

Er kam in das Seine, und die Seinen nahmen ihn nicht an; so viele ihn aber aufnahmen, denen gab er das Recht, Kinder Gottes zu werden ... (Johannes 1,12).

Uns wurde das „Recht" gegeben, *Kinder* zu werden. Das Maß an Einfachheit, Direktheit und Echtheit, welches Kinder auszeichnet, sollte auch unser Verhältnis zu Gott kennzeichnen. Wir werden im Gebet immer diesen Weg geführt. Das Komplizierte, Indirekte und Gekünstelte wird überwunden zugunsten einer *Nähe*, die nur Kindern zugänglich ist. Diese Überwindung gelingt uns nicht mit einem Mal – dazu sind wir viel zu sehr gezeichnet und geprägt von Selbstentfremdung und Verlorenheit. Es ist ein Weg. Heute sprechen wir von einem „Prozess". Behutsam wie ein Hirte muss Jesus sich uns verstörten Schafen nähern und unser Zutrauen gewinnen, ehe wir ihn wirklich an uns heranlassen. Dann beginnt er, Schicht für Schicht die Verwirrungen und Verirrungen von uns zu nehmen. Bei jeder Schicht leisten wir normalerweise erst einmal Widerstand, weil wir uns darunter irgendwie geschützt fühlen, auch wenn es noch so verkehrt ist. Mit jeder abgenommenen Schicht von Irrtum und Illusion aber werden wir leichter und fröhlicher. Dies ist immer ein Kennzeichen des Fortschritts auf dem Weg der Befreiung. Mitten im an sich schmerzlichen Prozess, uns von eingefahrenen, destruktiven Mustern zu lösen und immer

„nackter" zu werden, findet sich doch auch eine zunehmende Erleichterung und Heiterkeit. Schließlich beginnen wir, Jesus deutlicher wahrzunehmen und überhaupt etwas von ihm zu *fühlen*. Das ist wunderbar und hoffnungsvoll – und lässt uns den Prozess der Wahrwerdung bzw. des „Werdens-die-wir-sind" durchstehen.

KAPITEL 3

Verborgenheit

Das Gebet nimmt uns auf in sich
und wir nehmen das Gebet auf in uns.
Das Gebet geschieht in uns, und wir geschehen im Gebet.
In heiliger Umarmung vereint
tanzen wir mit Gott im Haus des Gebets
und die Gesichter strahlen.

Deshalb lasst nun auch uns, die wir eine so große Wolke von Zeugen um uns haben, jede Bürde und die uns so leicht umstrickende Sünde ablegen und mit Ausharren laufen den vor uns liegenden Wettlauf, indem wir hinschauen auf Jesus, den Anfänger und Vollender des Glaubens, der um der vor ihm liegenden Freude willen die Schande nicht achtete und das Kreuz erduldete und sich gesetzt hat zur Rechten des Thrones Gottes. Denn betrachtet den, der so großen Widerspruch von den Sündern gegen sich erduldet hat, damit ihr nicht ermüdet und in euren Seelen ermattet (Hebräer 12,1-3).

Hier haben wir den Weg und das Ziel allen Gebets. Das Ziel ist der Thron. Der Weg das Ablegen „jeder Bürde" und das „Ausharren" im Prozess der Befreiung. Wohl uns, wenn wir dabei die Ermutigung von Zeugen erfahren, die den Weg bereits gegangen sind und das Ziel erreicht haben: Zeugen, die all den Widerspruch innerer und äußerer Umstände sowie von Menschen, die sich auf den Prozess der Wahrwerdung noch nie eingelassen haben und unsere Bemühung mit sorgenvollem Unverständnis betrachten, überwunden haben. Sie nahmen ihren Blick von alledem weg und richteten ihn entschlossen auf Jesus, bis sie in die große Freude eintraten und sich am Thron Gottes im Zentrum des Hauses des Gebets wiederfanden. Die „Wolke" der Zeugen scheint heute dünner gesät zu sein als in anderen Zeiten. Uns fehlen die Vorbilder und Mentoren, die unsere Entschlossenheit und Hoffnung anfachen können und uns anhalten, unbeirrt weiterzumachen, auch wenn es durch Schmerzen und Täler geht. So müssen immer wieder Bücher wie dieses herhalten. Wenn uns auch Vorbilder und Zeugen fehlen mögen, so ist es dennoch möglich und sehr nötig, welche für andere *zu werden*.

Die Herausforderung ist die, im Prozess zu *bleiben*. Die Versuchung dagegen ist, „zu ermüden und in unseren Seelen zu ermatten". Dabei erliegen wir der Versuchung in dem Moment, wo wir Jesus aus den Augen verlieren. In unserer heutigen Kultur voll irrsinnigem Tempo und ihrem Übermaß an Ablenkung durch immer mehr Informations- und Unterhaltungsmedien ist das leider ganz einfach. Haben wir einmal unsere zappelige Aufmerksamkeit den Zerstreuungen entrissen und auf das Ziel hin ausgerichtet, klingelt schon das Telefon, Handy oder E-Mail-Programm, wollen alle möglichen und unmöglichen Umstände unsere Aufmerksamkeit erregen und uns einspannen für ihre Zwecke. „In der Ruhe liegt die Kraft" heißt es, und da ist was dran. Der Prophet Jesaja sagte es vor einigen tausend Jahren bereits so: „Durch Umkehr und Ruhe werdet ihr gerettet. In Stillsein und Vertrauen ist eure Stärke" (Jesaja 30,15). Jesus rät uns entsprechend, zum Gebet ein „Kämmerchen" aufzusuchen. Für mich klingt dieser Begriff „Kämmerchen" nach einem sehr überschaubaren Ort, an dem gerade für mich alleine Platz ist und wo mich niemand vermutet. Dort, in diesem Kämmerchen, so verspricht uns Jesus in Matthäus 6,5-6, werden wir den Vater finden, „der im Verborgenen ist".

Nun haben wir schon im letzten Kapitel gelernt, dass wir den Vater nur erfahren können, wenn wir die Haltung von Kindern einnehmen. Das heißt, wir werden einfach, direkt und echt. Dafür brauchen wir die Hilfe des Heiligen Geistes – wie übrigens auch zu sonst allem. Hat er uns geholfen, die rechte Haltung einzunehmen, hilft er uns als Nächstes, unseren Sinn für das Verborgene zu entwickeln. Normalerweise sind wir zuerst einmal so zerstreut und oberflächlich, dass wir von Gott nichts bemerken können, selbst wenn er mit einer roten Fahne winken würde. Das „Kämmerchen" ist ein Symbol dafür, dass wir diese Zerstreuung und Oberflächlichkeit, die das Wesen des Alltags ausmacht, bewusst hinter uns lassen, die Tür schließen und uns der Verborgenheit zuwenden. Das Haus des Gebets befindet sich dort im Verborgenen. Dort ist der Vater zu finden – immer. Die Verborgenheit ist uns ja niemals fern – aber eben häufig verborgen.

Das Verborgene ist viel größer und bedeutsamer als das Sichtbare mit seinen Dringlichkeiten, aber wir haben das seit dem Sündenfall fast gänzlich vergessen. Und unsere materialistische Epoche tut ein Übriges dazu, uns den Umgang mit der Verborgenheit zu erschweren oder als „Unsinn" auszureden. Da haben wir den „Widerspruch der Sünder", von dem der Eingangstext zu diesem Kapitel spricht. Gibt es in Wahrheit nichts Wichtigeres, als den Zugang zu unserer und Gottes Verborgenheit zu finden, vermittelt uns unsere Kultur, dass es nichts Unwichtigeres gibt und wir uns mit etwas „Nützlicherem" beschäftigen sollten wie Geld verdienen, Geld ansammeln und Geld ausgeben. Das „Glück", von welchem der Schreiber an die Hebräer spricht – er nennt es die *Freude* –, wird im Lebensstandard, vielen Gütern und exklusiven Vergnügungen gesucht, aber doch nicht im *Verborgenen*. Aber genau dort ist es – nur einen Hauch von uns entfernt. Verdrehte Welt ...

Als Elia seinen historischen Kampf mit Isebel und den Baalspriestern am Berge Karmel ausgefochten hatte, indem er Feuer vom Himmel fallen ließ (1. Könige 18), fragte sich wahrscheinlich ganz Israel, warum eigentlich keiner um diesen Mann gewusst hatte und nicht einmal seine Adresse bekannt war. Elia kannte nicht nur die Verborgenheit, die Gott bewohnt, er wohnte selbst dort! Aus diesem Grunde war er frei von Isebels Manipulation und Bezauberung des ganzen Volkes. Er war auch frei von der Dürre, die das Land jahrelang bedrückte, und ebenso von der Hungersnot, die der Dürre folgte.

Wenn wir unseren Ausgangspunkt von der „Welt" in die Verborgenheit Gottes verlegen, also sozusagen im Kämmerchen zu Hause sind, dann werden wir unabhängig von dem, was um uns her vorgeht. Das heißt nicht, dass es uns nicht mehr interessiert, aber es bestimmt uns nicht mehr. Dies ist ein wesentlicher Aspekt der Freiheit des Hauses des Gebets, in welches uns der Heilige Geist bringt. Das Auf und Ab der Welt hat keinen Einfluss auf die Beständigkeit und Integrität des Hauses Gottes. Dort finden wir zu jeder Zeit Versorgung und Erfrischung. Das erscheint denjenigen, die es nicht kennen, zu schön um wahr zu sein, aber so ist es. Alle, die in allen Kulturen und zu allen Zeiten Gott suchten, haben diesen Punkt betont: Um wirklichen Frieden zu haben und eine die Welt überwindende Kraft zu schöpfen, muss unser Ausgangspunkt jenseits der Welt mit ihrer Unbeständigkeit und der Zeit mit ihrer Wechselhaftigkeit lokalisiert sein. Die Bibel redet von dem „Anker unserer Seele", der uns im „Allerheiligsten" verankert (Hebräer 6,19), wo Gott ganz alleine und nichts und niemand anderes das Sagen hat.

Erst wenn wir glauben, dass wir uns das Zeitnehmen fürs Gebet im Verborgenen überhaupt leisten können, weil wir einen Ort betreten, der mit Sicherheit und umfassend für uns sorgt, werden wir uns wirklich von allem anderen *abwenden* können und mit ungeteilter Aufmerksamkeit *hinschauen* auf Jesus, den „Anfänger und Vollender unseres Glaubens". Solange es die Sorgen sind, die uns ins Gebet treiben und nicht der Geist, werden wir von den Sorgen beherrscht und nicht vom Geist geführt. Dies ist ein ganz gewaltiger Unterschied! Es ist eine wunderbare Erfahrung der Befreiung, zu erleben, dass wir in dem Moment, wo wir Jesus erblicken, auf der Stelle locker werden und mit dem Sorgen aufhören. Wir können gar nicht anders.

Der Anblick Jesu überzeugt uns im Bruchteil einer Sekunde davon, dass wir uns und unsere Sorgen ruhig vergessen können, weil es jetzt erstens um Größeres und Wesentlicheres geht und zweitens für alles Nötige gesorgt ist und schon immer gesorgt war und für immer gesorgt sein wird. Darum ist es so wichtig, einer-

seits wegzuschauen von allem anderen und andererseits hinzuschauen auf Jesus. Je mehr wir wegschauen, desto deutlicher
sehen wir Jesus. Je deutlicher wir Jesus sehen, desto einfacher
fällt es uns, von allem anderen wegzuschauen. Das Geheimnis
liegt im Blickwechsel. Schauen wir die Sorgen des Alltags an,
wird uns Jesus klein erscheinen und das Verborgene unzugäng-
lich. Schauen wir auf Jesus, werden uns im Gegenteil die Sorgen
klein und die Verborgenheit zugänglich. Und dort liegen alle Lösungen für alles bereit, denn Gott weiß genau, was vor sich geht.

... zur Erkenntnis des Geheimnisses Gottes, [das ist] Christus,
in dem alle Schätze der Weisheit und Erkenntnis verborgen
sind (Kolosser 2,2-3).

Viele Christen meinen, sie werden dann Ruhe finden, wenn sie
Gott so lange überredet haben, ihre Probleme zu lösen, bis er sich
endlich ihrer annimmt. Auf diesem Wege aber finden sie nie zur
Ruhe und schon gar nicht zur „Seligkeit", was eine Tragik ist,
denn die Ruhe und Seligkeit in der Ruhe sind die ganze Zeit über
für sie vorhanden. Aber erst wenn sie den Blick von den Sorgen
wegnehmen und Jesus zuwenden, verändert sich die Perspektive.
Im Haus des Gebets geht es nicht um Sorgen, sondern um die
Begegnung Gottes und uns – von Angesicht zu Angesicht. Sorgen
haben da gar nichts verloren. Das Leben und Gott haben nicht
den Sinn, unsere Probleme zu bewältigen. Wählen wir die Begegnung mit Gott, wählt Gott die Erledigung unserer Probleme, um
uns die ungeteilte Aufmerksamkeit für sich zu ermöglichen. Nur
darum geht es.

Tatsächlich kann Gott überhaupt erst dann unsere Anliegen
auf sich nehmen und sich darum kümmern, wenn wir sie loslassen. Was wir festhalten, kann man uns nicht nehmen. Mit Nöten
beladen können wir nicht ins Haus kommen. Sie müssen vor der
Tür abgegeben werden. Viele Beter haben die überraschende Erfahrung gemacht, dass ihre Probleme sich in dem Moment, als
sie aufhörten, sie überhaupt weiter im Gebet zu erwähnen, anfin-
gen zu lösen. Die Lösung unserer Probleme findet sich weniger
im Für-sie-Beten, als vielmehr in der Anbetung Gottes über ihnen. Gott gibt uns für die schwierigsten Probleme kleine Lieder

voller Leichtigkeit und Erhebung seiner Herrlichkeit. Wenn der Heilige Geist uns diese Lieder gibt – wovon Epheser 5,19 und Kolosser 3,16 sprechen – und wir uns diesen Liedern und Tönen hingeben, dann geschehen wunderbare Dinge, weil die Gnade Gottes dadurch in unsere Situationen fließen kann. Das ist ganz ungemein effektiv in der Erledigung der Probleme, denn es nimmt den Problemen alle Macht und Größe und gibt sie Gott.

Gepriesen! rufe ich zu dem Herrn und werde so von meinen Feinden gerettet (Psalm 18,4).

Ein großartiges Beispiel für diese Machtverschiebung durch ein einfaches Lied ist die Begebenheit, die uns in Apostelgeschichte 16 überliefert worden ist. Paulus und Silas wurden ins Gefängnis geworfen – und zwar in das „innere Gefängnis", wo ihre Füße „in den Block" getan wurden. Da diese Geschichte aus dem Altertum stammt, können wir uns vorstellen, dass das Gefängnis nicht den heutigen Standards entsprach, sondern eher dem Vorhof der Hölle glich. Die beiden saßen dort in den schlimmsten Verhältnissen, die man sich vorstellen kann, und hatten auch das Schlimmste zu erwarten. Auch waren sie zuvor ihrer Kleider entledigt worden und „mit Ruten geschlagen worden mit vielen Schlägen". Die hatten wirklich Probleme!

Aber dann kommt dieser unfassbare und wunderschöne Satz: „Um Mitternacht aber beteten Paulus und Silas und lobsangen Gott; und die Gefangenen hörten ihnen zu." Was hätten wir gebetet? Hätten wir das Problem gebetet oder die Lösung? Paulus und Silas gingen den Weg ins Haus des Gebets. Ihre Zelle wurde zum „Kämmerchen", wo sie allen Umständen zum Trotz Loblieder sangen. So etwas ist in eigener Kraft gar nicht möglich, und die hatten die beiden sowieso nicht mehr. So sangen sie in der Kraft des Heiligen Geistes das leichte, geistgewirkte Lied der Herrlichkeit, die dann die Probleme löste: „Plötzlich aber geschah ein großes Erdbeben, sodass die Grundfesten des Gefängnisses erschüttert wurden; und sofort öffneten sich alle Türen, und aller Fesseln lösten sich."

So sehen wir, dass die Lösung der ausweglosen und bedrängenden Situation nicht die Beschäftigung und „Bebetung" dieser

Situation war, sondern die Anbetung Gottes. Über den Umständen Gott anzubeten, ist ein mächtiger Schlüssel zu deren Überwindung. Das sollten wir uns sehr gut merken, um in der nächsten Krise nicht die Krise groß zu machen, sondern Gott, der die Krise dann für seine Zwecke nutzt. Hier führte die Krise zur Bekehrung des Kerkermeisters mitsamt seinem ganzen Haus und zur glorreichen Befreiung von Paulus und Silas.

Nun können wir davon ausgehen, dass Paulus und Silas nicht erst im Kerker auf die Idee kamen, sie könnten es einmal mit Anbetung probieren. Nein, sie kannten den Weg der Befreiung. Es ist der gleiche Weg, den Jesus im Garten Gethsemane ging: Die Übergabe des eigenen Willens an Gott, die Stärkung durch den Engel und das Sich-Lösen von jeglichem Fremdeinfluss und Fremdanspruch, bis Gott alles ist und alles andere nichts – das ist der Weg. Und wer hätte gedacht, dass es mittels eines Liedes geschehen würde?

Das geistgewirkte Lied ist nicht notwendigerweise ein Lied aus dem Gesangbuch, obwohl der Geist uns je nachdem durchaus auch einmal an ein solches Lied erinnern kann. Wir bemerken auf einmal, dass unser Herz ein solches Lied den ganzen Tag lang wiederholt. Es braucht dazu gar keine Absicht und keinen Vorsatz. Es singt in uns „von alleine". Da ist es uns leicht, auch unseren Mund das Lied mitsummen zu lassen. Dies hat immer eine positive Wirkung auf unsere eigene Befindlichkeit und Umgebung.

Es mag aber auch sein, dass wir in der Bibel lesen, und auf einmal haben wir das Verlangen, einen bestimmten Vers zu singen und im Singen zu bewegen und zu „verkünden". Wir singen ihn über unsere Situation oder unsere Familie. Der Gesang nimmt die Worte aus dem Buch in den Mund und gießt sie aus über die Umstände und Anliegen. Das ist wunderbar und eine erhebende Erfahrung. Leider hat uns zumeist keiner darüber aufgeklärt, dass so etwas geschehen kann, und darum gehen wir oft nicht mit der Führung des Geistes mit, weil wir unsicher sind, und bringen uns um starke Erfahrungen und unsere Umgebung um den Segen.

Es kann auch sein, dass der Heilige Geist uns ohne Bibellese eine Melodie und Worte *direkt* in unser Herz gibt. Dies erfordert

allerdings ein wenig mehr Glauben und Reife als die ersten beiden Varianten. Hier geht der Weg nicht erst über das geschriebe-
ne Lied oder über Bibelworte in unser Herz und aus ihm heraus
über unsere Lippen in die Welt. Es findet sich direkt in unserem
Herzen und manchmal sogar direkt auf unseren Lippen, sodass
wir uns wundern, was wir da auf einmal gesagt oder gesungen
haben. Dies kann je nach Notwendigkeit ganz spontan mitten im
Alltag geschehen, und wir tun sehr gut daran, das nicht zu blockieren, sondern mitzumachen.

Immer wenn unser Herz und unsere Lippen in Übereinstimmung kommen, sind die Worte oder Lieder kraft- und wirkungs-
voll. Wenn unser Herz mit der einen Sache beschäftigt ist und
unser Mund irgendein Lied singt, in dem es um irgendetwas ganz
anderes geht, hat das wenig Wirkung. Einigkeit und Übereinstimmung haben immer wunderbare Kraft. Darum ist ein Gebet,
in dem unser Herz, unsere Seele und unser Körper in Harmonie
zusammenwirken, so ganz anders als ein Gebet, in dem die Anteile unserer Person uneins sind.

Der Heilige Geist arbeitet unentwegt daran, unsere Orientierung und Fixierung auf das Sichtbare und Äußere zu lösen und
uns das Verborgene und die Dinge, die in unseren Herzen vor
sich gehen, bewusster zu machen. Denn dort im Verborgenen
und in der Tiefe des Herzens teilt Gott uns seine Lösungen und
Antworten mit, ja, sich selbst und seine Sicht der Dinge, seine
Gefühle darüber und seine Absichten.

Der Herr schaut nicht auf das, worauf der Mensch sieht. Der
Mensch sieht auf das, was vor Augen ist, Gott aber schaut auf
das Herz (1. Samuel 16,7).

Je mehr wir uns der Verborgenheit bewusst werden und die verborgenen Dinge des Herzens erkennen, desto klarer wird uns, wie
sehr wir ständig gegen unser eigenes Herz leben, wie gewohn-
heitsmäßig wir uns selbst übergehen und verraten – und damit
auch Gott. Für jeden Beter auf dem Wege tiefer hinein in das
Haus des Gebets, ist dies eine schockierende Entdeckung, die
unsere gesamte Lebensführung infrage stellt – und ganz besonders unsere „christliche Routine". Wir bemerken auf einmal, wie

Vieles „einfach so und so gemacht wird", ohne den Geist je danach zu fragen, ob das wirklich dem entspricht, was Gott gerade will und tut. Wir spüren die Spannung zwischen Tradition und Führung, die auch den Dienst von Jesus so auffällig kennzeichnete. Unentwegt eckte er mit dem System der Tradition an, welches in völliger Unabhängigkeit von Gott funktionierte. Er warf den Vertretern des Systems, den Pharisäern und Schriftgelehrten vor, dass sie den Kontakt mit dem Verborgenen und dem Herzen längst verloren hatten und nur noch Dienst nach Vorschrift taten. Ihr Dienst bestand nicht mehr darin, ihre äußeren Handlungen mit den inneren Bewegungen des Geistes abzugleichen und auf diese Weise aus der Verborgenheit und dem Herzen heraus zu leben. So wurden sie oberflächlich, herzlos und erstarrten in ihrem an Äußerlichkeiten orientierten Gottesdienst.

Sind wir durch das Einnehmen der Haltung des Kindes und die vertrauensvolle Hingabe an den Willen Gottes über die Schwelle des Hauses des Gebets getreten, beginnt der Heilige Geist uns die Geheimnisse des Hauses der Verborgenheit zu offenbaren. Dabei müssen wir durch einen Prozess des „Entlernens" gehen, in dem wir all unsere Vorstellungen vom „lieben Gott" und von „richtigem Beten" ablegen müssen, um frei zu werden für die Wahrheit. Der Heilige Geist beginnt uns aufzuschließen, wer wir eigentlich sind und wer Gott eigentlich ist. Er lehrt uns, wie Gott mit unserem Herzen umgeht, wie er sich ihm mitteilt, wie sich das anfühlt und wie unser äußerer Mensch mit dem inneren in Einklang gebracht werden kann. Es gibt eine Menge hinter uns zu lassen und eine Menge Neues zu lernen! Wir gehen in diesem Prozess von Überraschung zu Überraschung und wundern uns bei jeder neuen Entdeckung, wie wenig wir von Gott, aber auch von unserem eigenen Herzen gewusst haben. Wir legen alte Vorurteile und Überzeugungen ab, was uns zeitweise den Eindruck vermitteln kann, als löse sich überhaupt *alles* bisher Geglaubte und Praktizierte in Nichts auf.

Aber was tatsächlich vor sich geht, ist, dass wir alle Dinge mit *neuen* Augen sehen und in der Folge neu bewerten und einordnen. Unsere gesamte Welt wird von innen heraus neu geordnet. Die Herrschaft der äußeren Welt über uns schwindet dahin und die Herrschaft des Herzens wird aufgerichtet. Wir fangen an, mit den Augen Gottes zu sehen, die nicht auf das Äußere, sondern auf das Herz gerichtet sind. Unsere Wahrnehmung innerer Motive und Zusammenhänge wird deutlich geschärft. Wir beginnen zu *sehen*. Jesus warf den religiösen Führern seiner Zeit vor, sie seien „blind", was sie sehr erzürnte. Jesus sprach nicht von den äußeren Augen, sondern von den Augen des Herzens. Die Pharisäer hatten den Kontakt zur Verborgenheit verloren und hatten darum keine Ahnung, was wirklich vor sich ging und was Gott in ihrer Mitte tat. Sie konnten die Lehren Jesu nicht verstehen, da sie mit dem Herzen verstanden werden.

Wenn ein Gebetstreffen stattfindet, ist es eine wichtige Aufgabe des Leiters, die Herzen und Lippen der Beter in Übereinstimmung zu bringen. Sonst wird das Gebet zur Farce und einer Übung in Heuchelei. Dafür müssen zunächst die Sorgen und Anliegen abgelegt werden, um frei zu sein für das, was der Geist in uns legen oder in uns wachrufen möchte. Wenn dann unser Mund dem Worte und Ausdruck gibt, was in unserem Herzen ist, hat das Kraft und Wirkung. Manchmal kann es auch sein, dass der Geist kein Wort und kein Lied in unser Herz legt, sondern bestimmte *Empfindungen*. Wir möchten auf einmal weinen oder lachen, vielleicht auch seufzen oder stöhnen. Was geschehen kann, wenn wir es nur geschehen lassen und mit dem Geist zusammenarbeiten, ist mit Worten gar nicht zu sagen. Wir werden aus dem Staunen nicht herauskommen und die Zeit vergessen. Nicht mehr *wir* „machen" das Gebet, sondern das Gebet macht *uns*. Nicht mehr *wir* führen die Gebetsstunde, sondern das Gebet führt *uns*. Wir machen die Erfahrung, „mitgenommen" und „getragen" zu werden.

Wenn eine ganze Gruppe sich dem Geist hingibt und sein Wirken versteht, kann alles synchron geschehen mit vielen Betern auf einmal. Dann geht zum Beispiel eine ganze Gruppe durch eine Phase des Weinens oder des Lachens oder stöhnt und seufzt. Es gibt viele unaussprechliche Dinge, die nur in Empfindungen und deren Artikulation in Gesten und Emotionen ausgedrückt werden können. Worte sind begrenzt und dienen mehr dem Intellekt.

Der Geist nimmt sich unserer Schwachheit an, denn wir wissen nicht, was wir bitten sollen wie es sich gebührt, aber der Geist selbst verwendet sich für uns in unaussprechlichen Seufzern ... (Römer 8,26).

Wenn wir beginnen, diesen Weg zu beschreiten, machen wir nicht nur die Erfahrung, dass wir vieles mit ganz anderen Augen sehen und neu lernen müssen, wir erleben auch, dass unsere kulturelle und religiöse Prägung uns unentwegt Hindernisse in den Weg wirft. Der Geist will mit uns laut werden – und schon sagt unsere Prägung, dass das aber „unordentlich" ist oder „zu weit geht". Will der Geist dagegen mit uns schweigen, ist uns die Stille nach einer Minute peinlich und wir meinen, irgendetwas reden zu müssen. So geht es in einem fort. Unser Herz scheint in einer Art Zwangsjacke von anerzogenen Vorschriften zu stecken. Der Prozess der Befreiung davon, des Lockerwerdens und Vertrauens, kann lang und mühsam sein. Insbesondere was den Bereich der Emotionen angeht, haben wir in unseren Breitengraden echte Probleme. Im traditionellen Gottesdienst haben Gefühle nichts verloren. Es geht um die Erfüllung einer Pflicht, die Routine einer immer gleichen Liturgie und das geduldige Ertragen einer langweiligen Predigt und fertig.

Menschen können im Gebet unglaublich verkrampft sein, bekommen kaum Luft und kein Wort heraus. Wird jemand von Gott berührt – womit allerdings gar nicht gerechnet wird – und zeigt Gefühle der Freude oder muss plötzlich weinen, ist das in einer traditionell ungeübten Gruppe entsetzlich peinlich und keiner weiß, wie damit umzugehen ist. So ist das Gefühl aus vielen Gebetsveranstaltungen landauf, landab einfach ausgeschlossen. Nicht dass das so gesagt wird, aber es wird so praktiziert. Alle sitzen gebeugt, schauen ernst und zeigen mit keiner Mine auch nur irgendeine Gefühlsregung. Ist ein solches „Gebet" dann vorbei, atmen alle auf.

Aus diesem Grund hat der Heilige Geist in unserer Kultur seine liebe Mühe, uns entspannt zu kriegen. In jeder Gebetsgruppe, die sich wirklich auf Gott einlässt, wird es eine Phase geben, in der es um nichts anderes als um Lockerwerden geht und das Auflösen von Verkrampfungen. Der Geist wird uns die gebeugte Haltung abgewöhnen und uns auffordern, im Gebet aufzustehen, uns zu strecken und umherzugehen. Er wird uns durch viele sehr ungewohnte und uns peinliche Momente führen, wo wir merken, wie furchtbar steif wir sind und wie ungeübt darin, Gefühle angemessen auszudrücken. Wie Kindern, die nie gelernt haben, ihre Gefühle offen zu zeigen, muss der Geist uns beibringen, wie das eigentlich geht. Kommt diese gefühlsmäßige Unterentwicklung und Unterdrückung heraus, dann geht es schon mal nicht eben stilvoll und kultiviert zu. Gott hat damit kein Problem, nur wir, die wir einer gesunden Emotionalität so gänzlich entwöhnt sind – besonders in der Kirche. Die Macht der Scham hat das Gebet in vielen Gemeinden fest im Griff. Dagegen ist nicht anzukommen.

Gott ist alles andere als gefühllos, sondern ganz im Gegenteil vollkommen gefühlvoll. Er ist kein himmlischer Bürokrat, der uns verwaltet, sondern ein *Vater,* der uns in den Arm nimmt. Er kann mit den Weinenden weinen und mit den Fröhlichen lachen. Er kann singen, jauchzen und sogar tanzen. Wenn er seine Gefühle in unser Herz legt und durch uns zum Ausdruck bringt, können wir von ihrer Intensität und Macht geradezu überwältigt werden! Auch das erleben wir im Haus des Gebets und müssen es erleben, um auch im Bereich der Gefühle die zu werden, die wir sind, und auch Gott in seinen Gefühlen sein zu lassen, der er ist.

KAPITEL 4

Der Preis der Freiheit

Das Gebet ist Ausdruck des Lebens
und das Leben Ausdruck des Gebets.
Das Leben fließt im Gebet hin und her,
da ist eine Bewegung und ein Strömen.
Es erfasst uns und wir lassen uns ergreifen.
Wir erfassen es – obgleich es unfassbar ist –
und es lässt sich von uns ergreifen.
O Wunder!

Wenn ich zum Gebet rufe,
dann rufe ich nicht zu einer frommen Leistung,
in der unter der Last der Aufgabe gestöhnt wird.
Ich rufe zur Erhebung und zum Abschütteln des Staubes,
zur Erleichterung und zur Wahrwerdung,
wo jeder Trug fällt und der Schleier sich hebt.

Kommt her zu mir, alle ihr Mühseligen und Beladenen, und ich
werde euch Ruhe geben. Nehmt auf euch mein Joch und lernt
von mir, denn ich bin sanftmütig und von Herzen demütig – und
ihr werdet Ruhe finden für eure Seelen … (Matthäus 11,28-29).

Ohne die Entlastung von unserem eigenen Joch können wir das Joch Jesu nicht tragen. Es ist uns sonst zu viel. Viele Christen stöhnen darüber, dass ihr Leben schon überfordernd genug ist und dann will auch Gott noch was von ihnen – z. B. jeden Sonntagvormittag dafür zu „opfern", den Gottesdienst zu besuchen. Sie haben nicht verstanden, worum es geht. Sie versuchen, Jesus ihrem schon überfüllten Leben hinzuzufügen und dazu herzunehmen, ihnen für dieses überfüllte Leben seinen „Segen" zu geben, damit sie es etwas leichter damit haben. Jesus aber will uns zur Ruhe bringen. Ohne dieses Zur-Ruhe-Kommen von unserer eigenen Mühsal und Last sind wir nicht bereit für das Joch Jesu. Wir gehen weiter auf dem Weg der Mühsal und Belastungen, die unsere Seele bestimmen – und gängeln.

Jesus scheint sich nicht auf diesem Weg zu befinden, und wir rufen ihn, uns beizustehen, aber er will uns nicht beistehen, sondern befreien. Das sind zwei verschiedene Dinge. Gehen wir den eigenen Weg voller Stress, können wir nicht erwarten, dass Jesus uns ständig dabei hilft. Er ruft uns, zu ihm zu kommen und seine Kinder zu werden. Kinder sind nicht mühselig und beladen, Kinder sind unbeschwert. Wenn Jesus uns nicht hilft, mit unseren Belastungen „durchzukommen", sondern aufruft, sie loszulassen und zu ihm zu kommen, damit mit ihm zusammen etwas ganz anderes beginnt – ein neues Leben –, dann haben wir eine Wahl zu treffen, wer uns nun bestimmen soll: unsere Sorgen oder Jesus. Beiden zu gehorchen und beiden zu dienen, geht nicht. Es zerreißt uns. Viele Menschen leben in diesem Zustand der inneren Zerrissenheit: Sie wollen es „der Welt" recht machen und auch Gott, wollen den breiten und den schmalen Weg gleichzeitig gehen, Jesus folgen, aber auch allen möglichen anderen Ansprüchen. Zu Jesus „ja" zu sagen, erfordert es, zu einigem anderen „nein" zu sagen.

Was ist denn das Joch Jesu? Er will uns mitnehmen auf *seinen* Weg, in *seine* Wahrheit und *sein* Leben: *Er will uns den Vater offenbaren.* Die Ortschaften Chorazin, Bethsaida und Kapernaum, von denen Jesus in den vorangehenden Versen 20-24 spricht, waren dazu nicht bereit! Sie waren eben zu sehr mit sich selbst und ihren alltäglichen Angelegenheiten beschäftigt, als dass sie begriffen hätten, wer in Jesus Christus eigentlich in ihre Mitte gekommen war und was sie von ihm hätten bekommen können. Uns mag es ganz genauso gehen. Wir haben im Geist aufgrund des Kreuzes direkten Zugang zu Jesus und können uns einer *vollkommenen Erlösung* erfreuen. Nur wer tut das? Wir haben die Vergebung der Sünden empfangen und durch das Blut Christi freien Zutritt zum Thron der Gnade, um Barmherzigkeit und für alle und alles „rechtzeitige Hilfe" holen zu können (vgl. Hebräer 4,16).

Durch Jesus sind uns die „größten Verheißungen geschenkt, damit wir durch sie Teilhaber der göttlichen Natur werden" (vgl. 1. Petrus 1,4). In ihm sind wir zum Thron erhoben und Teilhaber seiner Herrlichkeit. Wollten wir alles aufzählen, was uns in Christus geschenkt und zugänglich ist, müssten wir einige Seiten mit Bibelzitaten füllen! Nur sind wir fatalerweise geneigt, diese Herrlichkeit den Sorgen des Alltags, Sorgen ums Geld und Sorgen um das Vergnügen zu opfern und damit für nichts zu achten. Wie wenig Bedeutung die Herrlichkeit Gottes selbst im Alltag der Gemeinde hat, weiß ich nach vielen Jahren aktiver Gemeindearbeit nur zu gut. Es geht um alles – außer darum, konsequent den Weg zum Thron der Gnade zu gehen und dort zu holen, was nur zu holen ist, und damit die Welt zu segnen. Alle sind sehr beschäftigt mit sich selbst und ihrer Mühsal und Last. Und so ist es auch die Gemeinde als ganze Organisation. Darum können sie unmöglich den Weg Jesu gehen, haben keine Zeit für Gebet und verstehen von der Gnade Gottes praktisch gesehen genauso wenig wie von seiner Herrlichkeit.

Gott kann ein bereits volles Gefäß nicht füllen. Es muss zunächst leer werden. Dieses Ausgeleert-Werden ist die Voraussetzung für die Erfahrung der Herrlichkeit, um die es im Hause des Gebets geht. Dort ist alles Gott. Da stehen wir nicht auf einer Seite des Raumes voll von uns selbst und unseren Sorgen und auf der anderen Seite steht Gott voll von seinen eigenen Angelegenheiten. Nein, in diesem Haus ist alles Gott und Gott ist alles in diesem Haus. Dies ist *sein* Haus. Wir können da nicht mit unseren eigenen Anliegen vorsprechen wie auf einem Amt. Nein, wir geben alle unsere Sorgen, Angelegenheiten und worum immer wir uns drehen im Vorzimmer ab – und dann können wir ganz frei und unbeschwert eintreten in die Herrlichkeit und den Weg zum

Thron gehen. Das Personal im Vorzimmer kümmert sich solange sehr engagiert um unsere Probleme! Keines davon wird sich in die Begegnung mit Gott im Heiligtum einmischen. Dort ist kein Problem wichtig.

Sind wir einmal diesen Weg gegangen, wissen wir das ganz genau. In der Gegenwart Jesu werden die Probleme und Alltagsmühsale verschwindend klein und Gott füllt alles aus. Er ist groß – nicht das Problem. In der Gegenwart Gottes werden wir uns mit unseren Anliegen und Sorgen schlicht vergessen, denn Gott wird unsere Aufmerksamkeit ganz in Anspruch nehmen. Und hat sein Anblick unsere Augen vom Starren auf unsere Probleme gelöst, *dann* gibt er uns dieses sanfte und liebliche Joch. Dieses Joch ist, dass er uns zeigt, wie *er* mit den Dingen umgeht. Er gibt uns diese leichten und einfachen Lieder zu singen über unsere Angelegenheiten und unsere Welt. Er klärt uns über scheinbar sehr komplizierte Probleme, mit denen wir uns abmühen, mit zwei, drei verblüffend einfachen Worten auf. Er gibt uns seine Augen, damit wir alles so sehen, wie er es sieht, und dann ist alles ganz anders, als wir gedacht haben. Er öffnet uns einen sehr viel weiteren Horizont und wir sehen alle Dinge in einem größeren Zusammenhang. Auch zeigt er uns Dinge, die *wirklich* wichtig sind, und wir können wieder zwischen Wesentlich und Unwesentlich unterscheiden.

All dies geschieht, wenn wir unsere Lasten und Mühen niederlegen und uns frei davon machen, sie unser Leben bestimmen zu lassen. *Stattdessen beten wir Gott an* und demonstrieren dadurch ganz klar, dass er die Autorität über unser Leben hat. Anbetung ist das beste Mittel zur Erledigung von Schwierigkeiten und Belastungen. Gott im Gebet beknien und anbetteln, ist das Letzte. Es zeigt überdeutlich, dass die Seele nicht im Geringsten in den Zustand der Ruhe und des Ausgeleertseins gekommen ist. Sie wird beherrscht von den Sorgen wie von bösen Geistern und kann Gottes Größe überhaupt nicht sehen. Tatsächlich hat sie die Anbetung von Gott weggenommen und sie den Sorgen übergeben, um die sie sich nun dreht. Solche von Sorgen und Lasten inspirierten Gebete vergrößern und verfestigen die Probleme, anstatt sie zu überwinden. Der Weg ins Haus des Gebets erfordert es, sich von ihnen zu trennen, ihnen jede Beachtung zu nehmen und diese stattdessen Gott zu geben. Lassen wir ihn alles in allem sein! Das ist Anbetung. Es gibt keine Anbetung ohne Befreiung und keine Befreiung ohne Anbetung.

Wenn wir einmal bedenken, wie viel Kraft und Aufmerksamkeit unsere Sorgen beanspruchen und wie müde uns das macht, dann werden wir verstehen, warum Jesus ganz ernsthaft von uns fordert, damit Schluss zu machen: *„Seid nicht besorgt für das Leben ... trachtet jedoch nach dem Reich Gottes, und alles wird euch hinzugefügt werden"* (Lukas 12,22-23). Dies ist eine große Forderung verknüpft mit einer ebenso mächtigen Verheißung. Wenn wir aufhören mit den Sorgen, leben wir auf und haben eine Menge Kraft und Zeit frei, um nach dem Reich Gottes zu trachten! Legen wir die Sorgen aber *nicht* ab und sollen *zusätzlich* auch noch nach dem Reich Gottes trachten, werden wir hoffnungslos überfordert sein und über kurz oder lang resignieren. Das Eine muss aufhören, damit das Andere beginnen kann. Das Beenden der Herrschaft der Sorgen ist der Beginn der Erfahrung des Reiches Gottes. Allerdings braucht das Ablegen der Sorgen und das Sich-von-ihnen-Abwenden *Glauben*. Den Glauben, dass wir *nicht* alleine sind und Gott sich *wirklich* kümmert. Und zwar um die ganz irdischen Probleme wie *„was wir essen und anziehen sollen"* (Lukas 12,22). Manche meinen ja, Gott sei nur an geistlichen Dingen interessiert und nicht an materiellen Bedürfnissen und diesseitigen Fragen des täglichen Lebens. So etwas über den Gott, der die Welt doch geschaffen hat, zu denken, ist völlig absurd.

Auf der Schwelle des Hauses des Gebets, wo wir ganz wahr werden, müssen wir auch zugeben, wie verlassen wir uns fühlen und wie schwer es uns fällt, zu glauben, dass Gott *wirklich* um uns besorgt ist. Es mag auch sein, dass die Stimme unseres Gewissens uns einflüstert, dass Gott doch sicher nicht mit all den *kleinen* Problemen belastet werden kann, die uns umtreiben. Aber wenn wir so denken und *irgendetwas* – ob groß oder klein – für uns behalten und nicht Gott ausliefern, wird dieses „Irgendetwas" uns blockieren und innerlich zerreißen. Mit Gott macht man *ganze* Sache oder gar keine Sache.

Erinnern wir uns daran, dass wir auf der Schwelle des Hauses des Gebets die Haltung von *Kindern* einnehmen. Kinder sind gerade dadurch gekennzeichnet, dass sie sorglos sind. Wie aber können sie das? Indem sie sich *völlig und ganz selbstverständlich* auf die Eltern verlassen. Ein gesundes Kind sieht sich nicht getrennt von den Eltern und teilt ihnen etwa zweimal im Monat in einer speziellen „Gebetsstunde" in förmlicher Art und Weise seine Anliegen mit, mit denen es sich die ganze Zeit abschleppt. Jedes Uns-getrennt-von-Gott-Sehen ist Sünde. Gott ist *vollkommen* an unseren Sorgen und Freuden beteiligt, wie ein Vater dies bei seinem Kind ist. Er hat die väterliche Verantwortung für uns übernommen. Er ist nicht erfreut, wenn seine Kinder mit langer Mine herumlaufen und das Leben furchtbar schwer nehmen, sondern hat es gerne, wenn sie mit unbeschwertem Kinderlachen jauchzen.

Der Umgang mit Sorgen ist der kritische Punkt, ob wir frei werden oder gebunden bleiben, ob wir ermüden oder erstarken, ob wir in die Herrlichkeit Gottes treten können oder nicht. Sich Sorgen zu machen kann leicht zu Abgötterei und Götzendienst werden. In dem Moment, wo wir ihnen die Macht über unsere Seele geben und sie unser Denken, Fühlen und Wollen beherrschen, verlieren wir den Kontakt mit Gott und werden in die Entfremdung von ihm abgeführt wie Gefangene. Im Gefängnis der Sorgen sitzen leider genauso viele Christen wie Nichtchristen. Genauso wie in unseren Nervenheilanstalten, von denen es immer mehr braucht, da Depressionen zur neuen Volkskrankheit geworden sind.

Es geht im Haus des Gebets zunächst *immer* darum, frei zu werden von unserem Joch der Last und Mühe, und zur Ruhe zu kommen. Legen wir unsere Sorgen und Beschäftigungen zu Jesu Füßen nieder und schreiten über sie hinweg in die Gegenwart des Herrn, geraten wir in einen Zustand der Erleichterung und des Aufatmens. Die Müdigkeit fällt von uns ab wie eine schwere Decke. Neue Kraft fließt uns zu und wir können unser gebeugtes Haupt heben. Der Schleier auf unserem Sinn und unseren Augen hebt sich und wir sehen die Herrlichkeit des Herrn, die uns in sich aufnehmen will und von uns aufgenommen werden will. O wie anders ist die Herrschaft des Reiches Gottes als die Herrschaft der Sorgen! Die Sorgen lieben uns nicht, Gott aber *liebt* uns. Es geht im Gebet immer um Befreiung von Bedrückung und Übermaß. Dann fällt es uns leicht, aufzustehen, die Hände zu heben und uns zu strecken. Unser Singen wird lauter, voller und intensiver. Unser Körper kommt in Schwung. Es ist wunderbar.

Befinden wir uns in einer Gebetsgruppe, bemerken wir nach dem Ablegen der Sorgen und dem Eintreten in den Zustand der Leichtigkeit des Kindes viel mehr als vorher, dass die anderen überhaupt da sind. Waren wir zunächst stark bei uns selbst, kommen wir jetzt aus uns heraus und bekommen deutlich mehr von dem mit, was sich um uns herum abspielt. Wahre Gemeinschaft ergibt sich nicht dadurch, dass wir in der gleichen Veranstaltung sitzen. Sie ist überhaupt menschlich nicht machbar. Um in eine wirkliche Berührung miteinander zu kommen, müssen wir erst einmal mit uns selbst in Berührung kommen. Sind wir uns selbst fremd und spielen nur Rollen, können wir gar keine echte Gemeinschaft haben – auch diese werden wir nur spielen. Der Heilige Geist, der der Geist der Wahrheit ist, ist kein Freund von „Pseudogemeinschaft", die wir gerade in der Kirche so häufig antreffen. Alle sind „nett" zueinander, aber Freunde sind sie nicht. Nimmt man die Veranstaltungen weg, gibt es kaum wirkliche Beziehungen zueinander. Viele Gemeindemitglieder klagen darüber, selbst nach Jahren der „Gemeinschaft" mitten in der Gemeinde völlig einsam zu sein. Warum ist das so? Weil mit dem Echtwerden bzw. Wahrwerden nicht ernst gemacht wird.

Finden Menschen zu ihrer eigenen Wahrheit, werden sie wie die Kinder und leben ungekünstelt *aus dem Herzen* heraus, dann können sich auch entsprechend herzliche und ungekünstelte Beziehungen untereinander aufbauen: Beziehungen, in denen man nicht bemüht Rollen spielt und bewusst an der Oberfläche bleibt, weil man zur Tiefe keinen Zugang hat und fürchtet, sichtbar zu werden, wie man ist.

Eine Gemeinschaft von Leuten, die den Weg der Wahrheit gehen und sich wirklich auf den Heiligen Geist einlassen und ihn nicht nur für eigene Zwecke – und mögen sie auch noch so frommer Natur sein – missbrauchen will, wird das Haus des Gebets gemeinsam betreten können und Erfahrungen miteinander machen, die weit über den Austausch von Nettigkeiten hinausgehen. Sie werden buchstäblich erleben, dass der Geist sie *eins* macht. Sie lernen einander in Wahrheit kennen. Der Heilige Geist führt eine solche Gemeinschaft durch die Tiefen der Scham voreinander, der Enttäuschungen übereinander und des Misstrauens gegeneinander in die Freiheit der Liebe zueinander. Wollen wir echte Beziehungen, müssen wir zunächst von einer Menge Verletzungen frei werden, die wir von Menschen abbekommen haben und die uns geformt haben und beherrschen. Vieles davon ist uns nicht mehr bewusst, ist aber unter der Oberfläche wirksam und isoliert uns voneinander. So ist keine „Einheit" möglich.

Wenn jegliches „Einander-etwas Vormachen" aufhört und wir nicht mehr alle Mühe aufwenden müssen, um ein falsches Image aufrechtzuerhalten, dann können wir anfangen, wirklich miteinander in Beziehung zu kommen. Dies ist eine Grundvoraussetzung für effektives Gebet. Effektives Gebet ist ja nicht, dass „viele" beten oder „lange" gebetet wird, sondern dass *echt* gebetet wird. Da mögen nur wenige beten und vielleicht nur einige Worte fallen, aber die haben mehr Kraft und Geist, als endlos viel frommes Geplapper. In einer Gruppe, in der jeder mit sich selbst und alle miteinander wahr sind, wird die Gegenwart des Heiligen Geistes alle umkleiden und sie einhüllen, sodass ihre „Nacktheit" ihnen nicht zum Schaden ist, sondern im Gegenteil die Türen zu Räumen des Hauses öffnet, die so aufregend und beeindruckend sind, dass sowieso nicht viele Worte darüber gemacht werden können.

Gott kann uns jetzt führen, wohin er uns führen will. Wir sind jetzt beweglich. Wir haben alte Dinge losgelassen und sind darum in der Lage, neue zu empfangen. Die Sache fängt an, uns Spaß zu machen und uns zu begeistern. Wir spüren die Kraft des Aufbruchs und die Freude, in diesem gemeinsamen Gebet dabei zu sein. In diesem Zustand fügt Gott die Gruppe, ihr Singen, Beten und Bewegen zu mehr Einheit zusammen. Kann er uns an der Hand nehmen, vergessen wir unsere Disharmonien und werden Kinder des einen Vaters. Wir gehen an der Hand des einen Geistes einen Weg und werden einer Herrlichkeit teilhaftig, die uns gemeinsam erfüllt. Was uns dann eint, ist nicht eine übereinstimmende Theologie, sondern der Vater. Wir werden, wie es von den ersten Christen in der Apostelgeschichte zu lesen ist, *„ein Herz und eine Seele"*.

KAPITEL 5

Hurerei

*Ich rufe zur Befreiung
von uns selbst zu uns selbst,
vom Tun zum Sein,
zum Vertrauen in den Einen,
in dem alles vereint wird
im Himmel und auf Erden
zu einem Haus Gottes im Geist.*

Niemand kann zwei Herren dienen; denn entweder wird er den einen hassen und den anderen lieben, oder er wird einem anhangen und den anderen verachten. Ihr könnt nicht Gott dienen und dem Mammon. Deshalb sage ich euch, seid nicht besorgt für euer Leben ... (Matthäus 6,24-25).

Wie wir im letzten Kapitel gesehen haben, ist der Umgang mit den „Sorgen des Lebens" von entscheidender Bedeutung dafür, ob wir ins Haus des Gebets eintreten können oder auf der Schwelle verharren und nicht vorwärtskommen. Viel Gedränge herrscht auf der Schwelle, weil viele sich so schwer damit tun, Gott den *Herrn* sein zu lassen – ganz praktisch. Sie neigen dazu, ihn auf bestimmte „fromme Tage" oder „Veranstaltungen" zu beschränken, während der Rest der Zeit ihnen selbst mit ihren Sorgen und

Mühsalen gehört. Nun ist diese Art von doppelter Lebensführung geistlich gesehen nichts anderes als „Hurerei".

Der Herr hat uns erlöst, damit wir *ganz sein* sind, aber wir weigern uns, ihm ganz zu gehören, können uns nicht einmal vorstellen, wie das praktisch aussehen soll, und zerteilen unser Leben in einen frommen und einen profanen Teil. In dem einen Teil „dienen" wir Gott, in dem anderen dienen wir allem anderen. Diese überall übliche Praxis ist aber, wie schon gesagt, eine Form von Götzendienst und Abgötterei. Wie der obige Text in Matthäus 6 sagt, können wir nicht zwei Herren dienen. Hängen wir dem einen an, verachten wir damit den anderen, und umgekehrt. Wir können auch nicht gleichzeitig zwei Wege gehen oder zwei Lehrern folgen, die Unterschiedliches lehren. Obwohl wir das nicht können, versuchen wir es doch unentwegt, weil wir in unserer Umgebung nur eine „hurerische" Kultur und Menschen finden, die es ebenso machen. Wirkliche Jesusnachfolge ist schwer zu finden. Überall geht es um Kompromisse, Abschwächungen und Mittelwege. Die Ansprüche Jesu *und* die der Welt *und* die des Ego werden irgendwie übereingebracht, was genauso unmöglich ist, wie Licht und Dunkelheit, Feuer und Wasser oder Sünde und Heiligkeit miteinander zu vereinen. Der endlose und sinnlose Versuch, Unvereinbares miteinander zu verkuppeln, kostet immense Kraft und braucht ein hohes Maß an Selbstbetrug. So ist das mit dem „Fremdgehen".

Was wir in vielen Kirchen vorfinden, ist die weichgespülte Version eines Christseins ohne Christus. Der Jesus des Neuen Testaments und dieser domestizierte und unserer Kultur angepasste Jesus sind miteinander vollkommen unvereinbar, aber das stört uns im Allgemeinen nicht besonders, denn wir haben eine humanistische Kirche aufgerichtet, in der es sowieso nicht um Jesus, sondern ausschließlich um uns geht. Soziale Bedürfnisse und gemeinnützige Aufgaben stehen im Mittelpunkt, alle sollen sich wohlfühlen und gut unterhalten werden in der Kirche. Jesus ist längst aus dem Mittelpunkt verschwunden. Es geht um öffentliches Prestige, um Bauprojekte, Programme und Veranstaltungen. Alle sind gut beschäftigt – aber nicht mit Jesus. Das ist der Geist der „Hurerei". Dieses Wort ist etwas aus der Mode gekommen, heute spricht man eher von Prostitution. Aber Hurerei und Prostitution sind nicht dasselbe. Hurerei ist Ehebruch, Prostitution aber ist der Verkauf sexueller Handlungen gegen Geld. Haben wir einen Bund geschlossen, der ja Exklusivität beinhaltet, opfern dann aber diese Exklusivität und entweihen somit den Bund, handelt es sich um Hurerei. In diesem Geiste sagen wir nicht nein zu Jesus, aber auch nicht nein zu den Götzen. Wir sind „offen" für Jesus, aber auch für alles andere. Wir fügen unserem überfrachteten Leben noch etwas Spiritualität hinzu und spenden vielleicht einmal im Jahr etwas an eine christliche Hilfsorganisation. Und dann meinen wir, dies würde Jesus genügen und uns zu Christen machen. Im Gebet drehen wir uns um unsere eigenen Angelegenheiten und tun die Angelegenheiten des Herrn mit einem Vaterunser ab. Aber so funktioniert das nicht.

Jesus ruft uns nicht auf, ihn zum religiösen Beiwerk zu machen, sondern uns an ihn zu verlieren. Er will uns *heiraten*, einen Bund mit uns schließen, die Kirche zu seiner Braut machen. Das Bild der Hure im Unterschied zur Braut wird in der Bibel immer wieder aufgegriffen. Dabei sucht Gott stets die Brautbeziehung mit seinem Volk, und wie uns die Offenbarung des Johannes am Ende der Bibel sagt, wird es im Himmel eine finale Hochzeit geben. Jedoch klagt Gott sein Volk unentwegt an, einen „hurerischen Geist" zu haben und „anderen Göttern" nachzulaufen.

Was ist der Unterschied zwischen einer Hure und einer Braut? Die Braut ist bereit, eine exklusive, also ausschließliche Beziehung mit dem Bräutigam einzugehen. Sie ist *die Eine*. Sie richtet ihr ganzes Leben auf den Einen aus, um mit ihm *ganze* Sache zu machen. Ihr „ja" zu dem Bräutigam ist gleichzeitig ein „nein" zu allen anderen Freiern. Was bringt eine Frau dazu, ein solches Ja zu sprechen und sich mit allem, was sie ist und hat auf *den Einen* einzulassen? Diese Frage müssen wir für uns beantworten, um zu begreifen, was Jesus eigentlich wirklich von uns will. Es geht in einer Ehebeziehung darum, *eins zu werden*. Die Zertrennung zwischen den beiden wird aufgehoben. Zwei Wege, Häuser, Tische und Betten werden zu einem. Bei einer Hure verhält sich das anders. Sie hat kein Interesse daran, mit einem Bräutigam den Weg in eine umfassende Einheit zu gehen, sondern eine vorübergehende oder nur teilweise Beziehung einzugehen, die ihr einen Nutzen bringt. Ihr geht es nicht darum, *ihr Leben* für eine Beziehung einzusetzen, sondern zu sehen, was sie für sich aus einem Mann rausholen kann. Es ist eine gewinnorientierte Beziehung.

„Was habe ich von Jesus?", fragt ein Mensch im Geiste der Hure. „Wie kann ich den größten Gewinn aus ihm rausholen? Wie stelle ich es an, ihn für meine Zwecke gebrauchen zu können? Mit welchem Gebet kann ich ihn dazu bringen, mir zu geben, was ich haben will?" Es geht der Hure nicht um eine Beziehung, *sondern um ein Geschäft*. Und genau so gehen viele „Christen" heute mit Jesus um. Sie sagen etwa: „Das ganze Stille-Zeit-Machen hat mir nichts gebracht ...", „Ich habe den Zehnten gegeben, und trotzdem hab ich noch finanzielle Engpässe ...", „Wie viel Bibellesen ist genug ...?" Sie sehen die Beziehung zu Jesus als ein Geschäft mit dem Himmel an und fragen sich, wie viel Einsatz genug ist, um ihn zu kaufen.

Ein solches Denken ist dem Himmel und seiner Braut ein Gräuel.

Jesus verlangt von uns eine Wahl, ob wir „mit ihm gehen" wollen, oder nicht. Die Beziehung zu Gott durch Jesus wird unser ganzes Leben beanspruchen und verwandeln. Wenn wir uns einmal daran erinnern wollen, besteht doch das „höchste Gebot" darin, „Gott zu lieben mit *ganzem* Herzen, *ganzer* Seele, *ganzem* Verstand und *aller* Kraft" (Markus 12,29). Da bleibt kein Raum für wer weiß was alles anderes. Gott lässt sich *ganz* auf uns ein, und er will, dass auch wir uns ganz auf ihn einlassen. Das ist die Exklusivität einer Beziehung, wo beide Seiten ernst miteinander machen und eins werden. So wird die Beziehung umfassend, durchdringend und erfüllend sein. Aber gerade das ist es, was so wenige erleben. Warum wohl nicht? Christsein ist eine Beziehung und keine Religion. Wir verehren keinen unbekannten Gott, sondern *unseren Geliebten*, der unser Denken und Fühlen bestimmt, dessen Anblick uns erschauern lässt und dessen Nähe uns in Erregung versetzt. Es geht im Christsein nicht um das „Halten der Zehn Gebote", sondern um die *totale Begegnung*. In dieser Begegnung teilt sich uns der Geist Gottes mit, in dem wir wie von alleine gottgemäß leben und keine Gebote und Gesetze mehr brauchen, die uns verdammen. Der Geist teilt sich *nicht* durch den Buchstaben christlicher Doktrinen und Dogmen mit, sondern durch die Begegnung und Berührung mit Jesus. „Der Buchstabe tötet, der Geist aber macht lebendig" (2. Korinther 3,6). Das Halten von Geboten ist nicht die „geschäftliche" Voraussetzung, um Jesus zu berühren und den Geist zu empfangen, sondern Ehrlichkeit. Werden wir wahr und stellen uns ohne Wenn und Aber, ohne jegliches religiöses, aufgesetztes, künstliches Getue Gott, wird er sich unserer annehmen und zu seiner *Braut* machen.

Wenn wir Gott unsere Unfähigkeit, zu lieben, bringen, wenn wir ihm unsere Unfähigkeit bringen, überhaupt irgendetwas mit *ganzem* Herzen, *ganzer* Seele und *ganzer* Kraft zu tun, dann sind wir auf dem richtigen Weg. Wahrheit ist immer der Schlüssel zur Freiheit. Wir können Gott gegenüber zugeben, dass wir uns keine zehn Minuten auf ihn oder das Gebet konzentrieren können, dass wir überhaupt kaum Kontrolle über unser Herz, unsere Seele, unsere Kraft und besonders wenig über unseren Verstand haben und dermaßen zerstreut und zerteilt sind, dass wir uns *Ganzheit* nicht einmal vorstellen können. Wir werden einsehen, dass wir das *eine* Gebot der *ungeteilten* Liebe, in dem *alle anderen* Gebote Gottes eingeschlossen sind (Römer 13,8-10), unmöglich halten können, auch nicht einen Moment lang, selbst wenn wir es an sich sehr gut und erstrebenswert finden. Wir erkennen, dass wir an das Viele und das Andere *verloren* sind.

Die Wahrheit bringt uns in einen Zustand der Verzweiflung über uns selbst. Mit Paulus rufen wir aus: „Wer wird mich retten von mir selbst!?" Der innere Kampf geht bis zur Agonie. Wir können nicht, wie wir wollen, aber wollen unbedingt, was wir nicht können. So schrecklich dieser Zustand ist, so notwendig ist er, denn die Wahrheit, die uns erschreckt bis in die Tiefe, ist doch der Schlüssel zur Befreiung. Schließlich hören wir auf, uns Illusionen über uns zu machen, und verstecken nicht länger unsere Zerbrochenheit vor Gott, während wir äußerlich fromme Spielchen spielen. Schließlich bitten wir Gott, uns *seine* Liebe zu geben, damit wir ihn *mit ihr* lieben können. Wir beginnen damit, Gott *alles* sein zu lassen. Und so kommen wir in das Haus des Gebets, wo alles Gott ist. Wir gewähren ihm Zutritt zu unserem Herzen, unserer Seele, unserem Verstand und unserer Kraft. Wir hören auf, das alles getrennt von Gott zu sehen und für uns zu behalten, sondern geben es ihm hin. Und im gleichen Zug gewährt uns Gott Zutritt zu seinem Herzen, seiner Seele, seiner Weisheit und Kraft. Nun kommen wir einander entscheidend näher. Das Wesen der Trennung und der Hurerei hört auf. Da ist Freude im Himmel, und diese Freude breitet sich im Herzen der Verzweifelten aus. So kann der Moment größter Verzweiflung gleichzeitig zum Moment der größten Freude werden.

Wir halten den Prozess der Wahrwerdung und Reinigung nur aus, indem uns Jesus unentwegt versichert, dass er uns ohne Wenn und Aber will – so unfähig und zerteilt auch immer wir sind. Schließlich kommen wir ans Ende mit uns selbst und haben keine Kraft mehr, uns mit unserem Zustand herumzustreiten und abzuplagen. Wir ergeben uns in unsere Verlorenheit und hören auf, Gott unentwegt in den Ohren zu liegen und immerzu das Gleiche zu erzählen. Das ist dann genau der Moment, wo Jesus scheinbar endlich eingreift. Da wir nun zu müde sind, weiter Stress zu machen, kann er unsere Augen von unserem desolaten Zustand wegnehmen und auf sich lenken. Einen Moment lang Jesus schweigend anzuschauen, ohne irgendetwas zu wollen und zu müssen, löst die wahnsinnige Anspannung auf, unter der wir die ganze Zeit gestanden haben. Und in diesem Moment begreifen wir, dass nicht wir uns heilig machen, sondern er. Wir werden ganz klein, zu Kindern, die sich nicht ständig selbst den Puls fühlen, sondern *ganz* den Eltern überlassen. Sie haben nichts Eigenes, Getrenntes, sondern was sie haben, haben sie von den Eltern. Selbst was sie den Eltern geben, haben sie zuvor von diesen empfangen. Kinder sind in dem interessanten Zustand, dass sie nichts haben und doch alles haben. Sie haben auch kein eigenes Recht und doch das Recht der Eltern, die für sie haften.

Sind wir wirklich Kinder Gottes geworden, haben wir auch allem anderen abgesagt. Wir haben nichts mehr, und nichts mehr hat uns – aber wir haben Gott, und Gott hat uns. Und darin haben wir alles – aber ohne es zu besitzen. Die Freiheit der Kinder Gottes ist unergründlich und atemberaubend. Sie *haben Teil* an Gott und an allem, was er hat und tut. So ist es auch mit dem Gebet. Wir beten im Haus des Gebets nicht mehr *unsere* Gebete, sondern *seine*. Wir werden vom Geist in eine solche Einheit mit Gott gebracht, dass wir wollen, was Gott will, und fühlen, wie er fühlt. Wir sehen die Dinge mit seinen Augen und sprechen bzw. „beten" dann auch über sie mit seinen Worten. Diese Synchronisation mit

Gott ist der Schlüssel zu allem wahren und wirkungsvollen geistlichen Leben und darin auch zum Gebet.

Es steht geschrieben, dass Gott solche sucht, die ihn „in Geist und Wahrheit anbeten" (Johannes 4,23). Er sucht *kein* anderes Gebet, und es ist ein Irrtum, zu glauben, jedes Gebet gefalle Gott – Hauptsache es wird gebetet. Der Geist ist es, der uns die Wahrheit über uns und die Wahrheit über Gott zeigt. Und nicht nur zeigt er sie uns, er führt uns auch in sie hinein. Er lässt uns Erfahrungen mit der Wahrheit machen, die unsere gesamte Sicht und Erfahrung von und mit der Welt, den Menschen, uns selbst und Gott verwandelt. Scheinbar alles bisher Geglaubte löst sich auf, was schwer auszuhalten ist, aber dann setzt es sich anders wieder zusammen, was Freude ist. Wie die Verwandlung der Raupe in den Schmetterling durchlaufen wir einen Prozess umfassender Transformation. Leider hat uns die Kirche meist sehr wenig bis gar nichts über diesen Prozess gesagt, und so verstehen ihn viele nicht und resignieren auf halbem Wege. Das ist eine große Tragik.

Der Geist der Hurerei, der uns Jesus als Objekt der Ausbeutung und Ikone unseres Kirchenimperiums benutzen lässt und der seine religiösen Geschäfte mit dem Himmel machen möchte, ist sehr subtil und hat in der Kirche ungeheuerlichen Schaden angerichtet. Mancherorts ist von der wahren Beziehung mit Jesus nichts mehr übrig geblieben, und niemand weiß mehr, dass es das überhaupt gibt. Der Prophet Jesaja fasst die Klage Gottes über diesen Zustand sehr treffend im 29. Kapitel im 13. und 14. Vers zusammen:

Weil dieses Volk mit seinem Mund sich naht und mich mit seinen Lippen ehrt, aber sein Herz von mir fernhält und ihre Furcht vor mir nur angelerntes Menschengebot ist, darum will ich weiterhin wunderbar mit diesem Volk handeln, wunderbar und wundersam.

Im Gebet geht es immer um unser Herz. Unser Herz ist es, das „glaubt, liebt und hofft". In unserem Herzen sind wir die, die wir sind – Kinder – und nicht fromme Schauspieler, die versuchen, Gott mit „angelernten Sprüchen" und „Lippenbekenntnissen" zu bestechen. Nun ist es so, dass Menschen, die den Weg der Hure gehen und deren „Liebe" eigentlich nur Geschäft ist, den Weg des Herzens nicht verstehen und Gott nicht kennen können. Es ist ihnen „zu wunderbar" und „zu wundersam". Wenn ihnen jemand von der echten Beziehung und dem echten Gebet erzählt, in dem Mensch und Gott eins werden in Liebe, dann begreifen sie gar nichts und halten das für „Schwärmerei" oder „Fundamentalismus". Je nachdem, wie fern ihr Herz von Gott ist, werden sie an solchen Leuten Anstoß nehmen und sie verachten.

Durch alle Zeiten hin hat die hurerische Kirche die Brautkirche verfolgt. Was sie so an der Braut stört, ist, dass sie sich der *Kontrolle* des Systems entzieht und dass sie ein *Geheimnis* mit dem Herrn hat. Sie hielt das geistliche Leben aus Formalien und Tradition für das einzig wahre Christentum und verwarf das geistliche Leben *aus dem Herzen* als „unordentlich" und „unorthodox". Durch die Jahrhunderte hin hat die hurerische Kirche sich durch Unterwerfung und Unterdrückung ganzer Völker ungeheure Reichtümer angeeignet und „gute Geschäfte" gemacht. Millionen von Menschen wurden ausgebeutet und weitere Millionen umgebracht. Und das „im Namen Gottes".

Aber doch konnte diese Hure von „Kirche" die Braut niemals ganz ausrotten. Jesus versteckte sie in der Verborgenheit und Unzugänglichkeit für die Augen und Häscher des religiösen Systems und offenbarte ihr die Geheimnisse der Vereinigung mit Gott. So ist es auch heute. In den „großen" Denominationen geht es um Macht, Geld, Posten und Hierarchien, in denen Menschen über Menschen herrschen. Jesus aber geht es eben gerade nicht um Macht, Geld, Posten und Hierarchien, sondern *um unser Herz.*

Ich habe dich je und je geliebt, darum habe ich dich zu mir gezogen – aus lauter Güte (Jeremia 31,3).

Das sind nicht die Worte eines „Religionsstifters", der es darauf abgesehen hat, Millionen Menschen unter seine Kontrolle zu bringen, sondern die Worte des Bräutigams, der unsere Liebe gewinnen will – durch lauter Güte. Wie viele Menschen ein Bild von Gott haben, das mit *Güte* nichts zu tun hat und sie nur zu Statisten in einem gigantischen frommen Theater macht, ist erschreckend. Güte alleine ist es, die unser Herz berührt und unser Herz erweicht, bis wir uns zunächst einmal überhaupt Liebeszuwendungen *gefallen* lassen. Wir sind wie verletzte Tiere, die niemanden an sich heranlassen und selbst den anknurren, der sie streicheln und ihnen helfen will.

Wenn wir uns auf den Weg der Braut begeben und Jesus nahen, dann merken wir, wie schwer uns Nähe fällt, wie wir nur wenige Augenblicke der Berührung aushalten, ehe wir zurückweichen oder uns wehren, weil es unseren der Liebe entwöhnten und vereinsamten Herzen so weh tut. Wenn wir durch die wiederholte Erfahrung von abgrundtiefer Güte wagen, Jesus näher und mehr an uns heranzulassen, dann kann er uns irgendwann tatsächlich trösten und danach sogar auf seinen Arm nehmen, und wir lassen es geschehen. Er wird uns dann in Bereiche der Heilung und Freude tragen, die wir niemals für möglich gehalten haben. Dieses „Getragenwerden" ist aber keine Sache der Hure, sondern der Braut. Sie lässt sich aufheben und über die Schwelle tragen. Sie gibt die Reserve auf und hält sich kein Hintertürchen offen, um sogleich wieder wegzulaufen ihren eigenen Geschäften hinterher.

Kapitel 6

Verwandlung

Wir treten über die Schwelle ein
in das Mysterium Gottes.
Es selbst verwandelt uns in solche,
die das Unsichtbare sehen können,
das Unhörbare hören können,
das Unfassbare fassen können
im Haus des Gebets.

Und Jesus kommt und findet seine Jünger schlafend. Und er spricht zu Petrus: Simon, schläfst du? Konntest du nicht eine Stunde wachen? Wacht und betet, damit ihr nicht in Versuchung kommt! Der Geist zwar ist willig, aber das Fleisch ist schwach. Und er ging wieder weg und betete dieselben Worte. Und als er zurückkam, fand er sie wieder schlafend, denn ihre Augen waren schwer; und sie wussten nicht, was sie Jesus antworten sollten ... (Markus 14,37-40).

„Der Geist ist willig, aber das Fleisch ist schwach", sagt Jesus seinen müden Jüngern, die wie so oft keine Ahnung haben, was eigentlich vor sich geht. Dies ist uns nicht unbekannt. Unser Geist bzw. unser Herz möchte in die Nähe Gottes eilen, aber unser Fleisch, voller Ängste und Zweifel und böser Erfahrungen mit lieblosen Menschen, hält uns zurück mit zahllosen Fragen und quälenden Erwartungen. Unser Geist möchte beten, unser Fleisch lieber fernsehen. Unser Herz sehnt sich nach der Berührung Jesu, unser Fleisch schreckt genau davor zurück. Solange unser Fleisch, also unser *Ego*, das Sagen hat, können wir definitiv *nicht* eine Stunde „wachen und beten". Das kommt uns vor wie eine Ewigkeit.

Im Haus des Gebets hat das Ego allerdings keinen Raum. Dort ist jeder selbstlos, und die Selbstlosen können mit dem selbstlosen Gott eins werden und tatsächlich eine Ewigkeit lang beten. Sie „machen" das Gebet ja auch nicht, sondern bewegen sich in es hinein und es bewegt sich in sie hinein, und so werden sie „allezeit" beten. Sie und das Gebet werden eins im Haus des Gebets. Ja, man kann sagen, die Beter in Geist und Wahrheit werden schließlich zu einem Teil des Hauses selbst.

Für den „fleischlich gesinnten" Christen, also den an sich selbst orientierten Beter, der alles selber schaffen muss und nicht weiß, wie er sich selbst loslassen kann, um vom Geist in das verborgene Haus des Gebets gebracht zu werden, ist das mit dem Gebot Jesu „allezeit zu beten und nicht nachzulassen" (Lukas 18,1) eine völlig unmöglich zu erfüllende Forderung. Er ist davon überzeugt, dass er selbst ein solches Gebet irgendwie leisten müsse, was natürlich nicht funktioniert. Es funktioniert genau umgekehrt: Das Gebet selbst übernimmt die Aufgabe, uns allezeit beten zu machen. Der „Geist des Gebets" muss uns ergreifen und mitnehmen in ein Gebet, welches nicht wir, sondern er in uns wirkt. Daran ist dann nichts Schweres, obgleich es ganz menschenunmöglich ist.

Das ist ja das Wunderbare am Reich Gottes: Wir beginnen ein Leben zu leben, welches ein Mensch aus sich selbst heraus gar nicht leben kann. Und seltsamerweise ist das nicht schwer, sondern leicht. Das Joch Jesu ist wirklich *sanft* und seine Last tatsächlich *leicht*. Dinge, die außerhalb des Hauses des Gebets unmöglich und überfordernd sind, sind innerhalb des Hauses völlig selbstverständlich und einfach. Keiner macht überhaupt ein Aufheben darum. So kommt es, dass die wahren Heiligen ein durch und durch übernatürliches Leben führen, aber in einer ganz natürlichen und unspektakulären Art und Weise.

Im Haus des Gebets wird das Gebet von einem egozentrischen und gekünstelten Plappern, welches nichts anderes als müde macht – sowohl uns selbst als auch Gott – , zu einer *Erfahrung* in Glaube, Hoffnung und Liebe. Diese Kräfte formen unser Wesen um, und darin verändert sich natürlich auch unser Beten. Wir werden von Bettlern zu Anbetern. Wir lernen die Sprachen des Glaubens, der Hoffnung und der Liebe und können in diesen Sprachen ganz andere Gebete formulieren, als wir das „im Fleisch" je auch nur träumen konnten.

Sind wir über die Schwelle des Hauses des Gebets getreten, gehen wir ein in die Halle, in der Glaube, Hoffnung und Liebe *wohnen*. Hier finden wir, dass es sich dabei nicht um fromme Worte und philosophisch-theologische Betrachtungen handelt, sondern dass sie *lebendig* sind und *Substanz* haben. Nachdem wir Kinder geworden sind und – befreit von den Sorgen und Lasten – in diese Lebendigkeit und Substanz hineingehen, werden wir davon umfangen und durchdrungen. Hier wird unser Wesen genährt von ihrem Wesen, wie die Israeliten in der Wüste vom Manna des Himmels ernährt wurden. An diesem Ort ist es keine menschliche Leistung, zu glauben, zu hoffen und zu lieben, sondern eine Gegebenheit. Die reine Gnade. Hier ist das der ganz normale Zustand und nicht etwas, was man mit Mühe erreichen muss und was nur herausragende, geistliche Persönlichkeiten erlangen, mit denen wir uns ohnehin nicht zu vergleichen wagen. Darum ist es so wunderbar, dort zu sein. Je öfter man diesen Ort betritt und je weniger man ihn wieder verlässt, desto mehr wird man verwandelt in ein „himmlisches Wesen", für das die himmlischen Dinge nicht jenseitig und unerreichbar sind, sondern ganz real, normal und gegenwärtig.

Das Neue Testament legt eine Betonung darauf, dass „das Alte vergangen ist und Neues geworden ist". Das Neue ist unter anderem, dass wir jetzt jenen Ort, genannt „Reich Gottes", betreten können, der zuvor für uns verschlossen war. Aber um ihn betreten zu können, müssen wir selbst eine „neue Schöpfung" werden. Wir können nicht im Geist und Zustand der alten, selbstbezogenen und hurerischen Natur kommen, die die Bibel „das Fleisch" nennt, und dann ins Haus des Gebets kommen und die Herrlichkeit Jesu berühren. Kennzeichen der fleischlichen Natur ist, dass sie sich an sich selbst orientiert und alles aus sich selbst heraus schaffen will. Kennzeichen der neuen Natur ist, dass sie sich am Vater orientiert und sich von ihm in sein Haus aufnehmen und dort beschenken lässt. Die alte Natur ist selbstbezogen, die neue selbstlos. Die alte ist voller Angst, die neue voller Freiheit. Alles im geistlichen Leben dreht sich darum, das Alte hinter uns zu lassen und in das Neue hineinzugehen. Das Schöne dabei ist, dass wir nichts zu verlieren haben, außer der Angst. Außerdem müssen wir das Neue nicht erst erschaffen, es ist schon da und wartet auf uns.

Ein bekanntes Wort Jesu ist, dass wir den neuen Wein nicht in alte Schläuche füllen dürfen, weil diese *zerreißen* würden, sondern der neue Wein muss in neue Schläuche gefüllt werden" (vgl. Matthäus 9,17). Immer wieder erleben wir im Gebet diese Zerreißprobe. Der Geist will uns mitnehmen in das Neue hinein, und dann will sich das Neue in uns hinein ergießen. Es will Raum haben in uns und in uns *wohnen*. Es will unser Denken, Fühlen und Wollen aus den alten Ego-Mustern herauslösen und erweitern mit neuen Erfahrungen und Vorstellungen voller Selbstlosigkeit und Herrlichkeit. *Das Neue wird uns erneuern*. Aber wenn wir in unseren traditionellen und starren Vorstellungen über uns selbst und das Reich Gottes festhängen – wenn wir denn überhaupt eine Vorstellung davon haben – , dann sind wir zu unflexibel dafür, wie der alte Weinschlauch zu unelastisch ist für den jungen Wein. Wir können das Wirken des Heiligen Geistes nicht fassen. Es ist für unsere starre Struktur sogar bedrohlich. Jemand hat einmal festgestellt: „Was sich selbst nicht wandelt, kann den Wandel nicht nachvollziehen." Das ist ein wahrer Satz. Wir können das Neue nicht haben, wenn wir die Alten bleiben. Im Christsein geht es nicht darum, dass wir uns lediglich anders *verhalten* als die Welt, sondern dass wir andere *werden*. Sind wir andere, verhalten wir uns logischerweise auch anders. Das Tun fließt aus dem Sein.

Die heute allgemein verbreitete Form von Christlichkeit und Kirche – zumindest in Deutschland – weiß sehr wenig von Transformation, also Verwandlung. Sie ist nicht so sehr auf Veränderung aus, wie auf den Erhalt dessen, was sie hat. Transformation bedeutet die *Überwindung* des Gewohnten und Gehabten. Tradition bedeutet das genaue Gegenteil. Sie friert die Bewegung ein und will unbedingt eine *einzige, richtige Form* finden, um diese dann für allezeit zu bewahren und zu zelebrieren. Das nennt sich „Liturgie". Für die liturgische Gemeinde liegt das Heil in der Form und nicht im Inhalt, auch wenn sie das so nicht sagt. Auch ohne das Ereignis des Reiches Gottes, ohne eine reale Berührung von Jesus und das Wirken des Heiligen Geistes wiederholt sie ihr Programm als Selbstläufer unbeirrbar immer weiter. Ihre Mission ist, alle Leute „liebevoll" in ihre Form zu pressen, um sie auf diese Weise „zurechtzubringen". Wer diese Leute sind und was mit ihnen los ist, interessiert dabei nicht wirklich. Hauptsache, sie verhalten sich der Norm entsprechend. Die „Ordnung" wird zur „heiligen" Ordnung stilisiert, die von „geweihten" Priestern oder „ordinierten" Pastoren verwaltet wird.

Tradition kann Menschen *nicht* „von Herrlichkeit zu Herrlichkeit" (vgl. 2. Korinther 3,18) in das Bild Jesu verwandeln, sondern verwandelt sie in ihr eigenes Bild von Frömmigkeit. Wir werden dann nicht wie Gott, sondern wie die Kirche, zu der wir gehören. Wir werden „katholisch", „evangelisch", „pfingstlich" oder „mennonitisch" usw., aber nicht *herrlich*.

Auf diesem Wege können die Kirchen natürlich auch niemals „eins" werden. Denn Tradition bewirkt nicht Einheit, sondern Streit darum, wer nun die richtigste Form und Lehre hat. Tradition macht uns zu Statisten und Nummern in einer religiösen Institution, aber nicht zu *Kindern* Gottes. Mögen Traditionen und Liturgien auch noch so wunderbar aussehen und kunstvoll zelebriert werden, möglicherweise sogar heilige Gefühle wecken durch imposantes Orgelspiel in einer mächtigen Kathedrale oder eine gute Lobpreis-Band im Gottesdienst für die Jugend, sie sind dennoch ein „alter Schlauch", der den neuen Wein nicht halten kann. Sowohl das Reich Gottes als auch die Berührung Jesu als auch das Wirken des Heiligen Geistes sprengen den Rahmen einer jeden Tradition und sind in keine Form zu pressen. Sie vermitteln sich durch unmittelbare Erfahrung und nicht durch ein theologisches Seminar. Wir haben heute viele Studierte und wenig Erfahrene.

Die größte Überwindung ist stets die Selbstüberwindung. Immer wieder muss losgelassen und weitergegangen werden. In seinem irdischen Dienst, wie ihn uns die vier Evangelien beschreiben, stand Jesus nie still. Er war in Bewegung. Er baute keine Kirche auf, wohin die Leute dann kamen, um ihn zu „besuchen". Das *Zusammen-unterwegs-Sein mit Jesus* verwandelte seine Jünger grundlegend. Sie blieben nicht dieselben, die sie vor der Begegnung mit Jesus gewesen waren, und einer bekam sogar einen neuen Namen, um das ganz deutlich zu machen. Mit Jesus zu gehen, das war eine unberechenbare und unorthodoxe Angelegenheit. Ständig geschahen unvorhersehbare Dinge, die eine hohe Flexibilität erforderten, die Jesus ohne Zweifel hatte. Er folgte keiner Agenda und übergab denen, die zu ihm kamen, keinen Katechismus. Was er ihnen gab, war eine *Berührung* mit Gott, eine *Demonstration* des Reiches Gottes und eine grundsätzliche *Hoffnung* auf die Möglichkeit der Veränderung aller Dinge. Dies brauchen wir heute ganz genauso wie die Menschen damals und erfahren es auch genauso im Haus des Gebets. Dort werden unsere starren und korsettartigen Konstrukte und Paradigmen aufgelöst und wir werden „flüssig". Dies ist eine der wunderbaren Erfahrungen im Haus.

Der Geist ist wie Wasser

In Hesekiel 47 finden wir eine wunderbare Darstellung des *Fließens des Geistes*. Dort wird in einer groß angelegten Vision das Haus Gottes beschrieben. Aber nicht als ein Haus, welches *wir* bauen, sondern als ein Haus, welches *er* baut. Dieses Haus beherbergt in sich eine Quelle, denn „Wasser fließt unter seiner Schwelle hervor ..." (Vers 1). Das Erstaunliche ist, dass dieses Wasser, je weiter es kommt, desto mehr und tiefer wird, bis es „Wasser zum Schwimmen ist, ein Fluss, der nicht mehr durchschritten werden kann" (Vers 5). Dann heißt es über diesen Strom, dass er Leben und Heilung bringt, wo immer er hinkommt. An den Ufern wachsen „allerlei Bäume, von denen man isst, deren Blätter nicht welken und deren Früchte nicht ausgehen ... und ihre Blätter dienen als Heilmittel ..." (Vers 12). Wenn wir in *dieses* Haus kommen und Teil dieses Hauses Gottes im Geist werden, dann „fließen Ströme lebendigen Wassers von unserem Leib", wie Jesus in Johannes 7,38-39 sagt. Dieses Wasser ist nicht voller Traditionen und Dogmen, sondern voller Leben und Heilung. Das sind *immer* die Kennzeichen des Heiligen Geistes. Wir können uns seinen Wellen hingeben und mitfließen in seinem Lebendigmachen und Heilen. Dafür aber müssen wir selbst wie das Wasser werden: loslassen, was uns hält und was wir halten, die Kontrolle abgeben und uns vertrauensvoll vom Wasser in seiner eigenen Dynamik und Bewegung tragen lassen.

Viele Christen klagen darüber, dass ihr Gebet so „trocken" ist wie ein trockener Schwamm. Dieser Zustand wendet sich erst dann, wenn der Durst so groß geworden ist, dass wir zu Gott um Wasser schreien und bereit sind, unseren gewohnten und erstarrten Zustand um jeden Preis zu verlassen.

Der Geist ist wie der Wind

An anderer Stelle belehrt Jesus den Pharisäer Nikodemus darüber, diejenigen, die vom Geist getrieben werden, seien *wie der Wind* (vgl. Johannes 3,8). Wir lesen im Bericht von Pfingsten in Apostelgeschichte 2 über das „gewaltige Brausen eines Windes vom Himmel", der das Haus „erfüllte", in dem die Jünger beteten. Es ist, als würde der Wind die abgestandene Atmosphäre und Luft wegblasen und das Haus mit einer frischen Brise erfüllen.

Dieser Wind des Geistes wird vom Propheten Hesekiel im 37. Kapitel beschrieben, wo der Odem Gottes von den vier Winden her kommt und „die Erschlagenen" anhaucht und sie „wieder lebendig werden".

Viele Christen fühlen sich in ihrem Gebet wie erschlagen. Da bewegt sich nichts, kein Lufthauch rührt sich, so tot ist alles. Es scheint kein Funken Kraft da zu sein, sich zu irgendetwas aufzuraffen. Die Müdigkeit ist bleiern und scheint erst mit Beendigung des Gebetes etwas leichter zu werden. So weit kann es kommen. Der Geist aber nimmt die Schwere fort und bringt an ihrer Stelle eine wunderbare Leichtigkeit.

Der Geist ist wie Feuer

Schließlich ist der Geist auch *wie Feuer*. Dabei erinnern wir uns an die Begebenheit, in der Mose in der Wüste den brennenden Dornbusch fand, der „brannte, aber nicht verbrannte" und aus dem Gott zu ihm sprach. Auch Johannes der Täufer sprach von dem Feuer, als er ankündigte, Jesus wolle uns „mit Heiligem Geist und mit Feuer taufen" (vgl. Matthäus 3,11). In der Pfingstgeschichte lesen wir dann vom Ereignis dieser Taufe: Das Feuer fiel wie „zerteilte Zungen" auf die Jünger, die beteten.

Der Hauptfeind des Feuers scheint die Routine zu sein. Verliert unser Gebet das Feuer und wir wiederholen gebetsmühlenartig nur noch die immer gleichen Worte, sollten wir innehalten und uns ernsthaft fragen, wie und wo wir das Feuer verloren haben, die Leidenschaft, und jetzt nur noch „lau" sind, wo Jesus doch verlangt, dass wir „heiß" sein sollen. Wie schwer sind doch die nichtssagenden, lauwarmen Gebete zu ertragen, die, kaum dass sie ausgesprochen wurden, schon wieder vergessen sind!

Die Erfahrung, im Gebet flüssig wie Wasser zu werden, leicht wie der Wind und brennend mit dem verzehrenden Feuer Gottes, das sind großartige Erlebnisse der *Erweckung* im Hause des Gebets. Wir werden vom Geist erfrischt und lebendig gemacht in einer Art und Weise, die uns von Zuschauern oder „Besuchern" in Teilhaber der Herrlichkeit unseres Gottes verwandeln. Sowohl das Wasser als auch der Wind und das Feuer sind dynamische und keine statischen Kräfte. Sie bewegen sich und sie bewegen uns, wenn sie in uns sind und wir in ihnen. Was nicht die Kraft hat, uns zu bewegen, ist nicht genug und für die Kinder Gottes irrelevant, denn „das Reich Gottes besteht nicht in Worten, sondern in Kraft" (vgl. 1. Korinther 4,20). Kräfte, wie das reißende Wasser, den wirbelnden Wind und das lodernde Feuer, kann man nicht in „Andachten" und „Stille Zeit" stecken oder mit einer ausgeklügelten Theologie bändigen. Wo diese Kräfte auftauchen, hört die gediegene Langeweile auf und alle Dinge werden erschüttert. Mit Menschen zu beten, die von dieser Erschütterung weder gehört noch je etwas davon erlebt haben, ist mühselig und frustrierend. Wenn der Heilige Geist und seine Wirkungen praktisch ausgeschlossen sind aus dem Gebet, dann treten Menschen auf der

Stelle. Es gibt keine Bewegung in irgendeine Richtung. Ich denke, solche Gebete sind zwecklos und reine Zeitverschwendung. Sie geben keine Kraft, sondern kosten Kraft. Sie beleben uns nicht, sie betäuben uns.

Damit wir die Herrlichkeit Gottes sehen und berühren können, müssen wir einerseits in den Stand und die Berechtigung versetzt werden, den Tempel Gottes betreten zu dürfen, was durch das Kreuz geschehen ist. Andererseits aber müssen wir *in ein anderes Wesen verwandelt werden*, das die Herrlichkeit dort auch ertragen kann. Dies ist das Werk des Heiligen Geistes in uns, wie uns 2. Korinther 3,18 so eindrücklich sagt:

Wir alle aber schauen mit aufgedecktem Angesicht die Herrlichkeit des Herrn an und werden so verwandelt in sein Bild von Herrlichkeit zu Herrlichkeit, wie es vom Herrn, dem Geist geschieht.

Wir bleiben nicht wir selber in der „alten Version", die von der Herrlichkeit Gottes abgeschnitten ist und von Gott rein gar nichts wahrnehmen kann. Wir gehen durch einen Prozess der Verwandlung, der uns fähig macht, Gott von Angesicht zu Angesicht zu begegnen. Um diese Begegnung geht es im wahren Gebet. An diesem Ziel müssen wir unbeirrbar festhalten! Die Erfahrung der Herrlichkeit Gottes an eine flache Kirchlichkeit zu verkaufen, ist ein Sakrileg – bestürzend für den Himmel und alle Engel.

Um die Herrlichkeit Gottes zu erleben, müssen wir in *sein Bild* verwandelt werden, das heißt, wir müssen werden wie er. Dazu ist es nötig, alle *unsere* Bilder fallen zu lassen und nicht unentwegt zu versuchen, Gott in *unser Bild* zu verwandeln. Gott ist in Christus bereits wie wir geworden – ein Mensch. Jetzt gilt es, dass wir wie er werden – dass wir der Natur Gottes teilhaftig werden und ihr Ausdruck verleihen. Und das geht nur auf *eine* Weise, nämlich, den Heiligen Geist unsere Augen öffnen zu lassen für den wirklichen Gott. Das zuzulassen, braucht allerdings jenes furchtlose Kindervertrauen, von dem weiter oben bereits die Rede war. Solange wir selbst die Kontrolle behalten und dem Heiligen Geist nicht erlauben wollen, mit uns zu verfahren, wie immer er will, kann die Verwandlung nicht stattfinden und wir bleiben dieselben.

Als Kinder Gottes ist unsere Orientierung nicht länger auf uns selbst oder die Welt gerichtet, sondern auf unseren Vater und den Himmel.

Dieser Wechsel der Orientierung ist von größter Bedeutung, denn solange wir uns nicht am himmlischen Vater orientieren, haben wir die Position des Kindes noch nicht eingenommen. Viele Christen haben sich zwar zu Jesus bekehrt, aber sie gleichen nach wie vor Waisenkindern, die sowohl orientierungslos als auch beziehungslos umherirren, sich an sich selbst festhalten und von den Launen des Alltags beherrschen lassen. Sie mögen theoretisch erkannt haben, dass sie mit ihrer Bekehrung in die Familie Gottes hineingeboren sind, aber sie machen keine Erfahrung damit, weil sie das Werk des Heiligen Geistes nicht verstehen. Sie bleiben in ihrer alten, „verlorenen" Identität sitzen und bringen sich damit durch ihr Nichtwissen um die Erfahrung der Herrlichkeit des Reiches Gottes. Sie mögen alles mitmachen, was die Gemeinde ihnen bietet und empfiehlt, und mögen sich im Geheimen schrecklich darüber schämen, dass sie ehrlicherweise nicht viel mit der Bibellese, dem Gebet und der Mission anfangen können und dabei immer nur müde werden wie Petrus damals in Gethsemane, aber verwandelt werden sie von alledem nicht.

Die Gemeinde selbst gleicht allzu oft dem alten Weinschlauch, von dem Jesus spricht. Die Strukturen sind festgelegt und wiederholen sich immerzu. Von einer Bewegung kann nicht die Rede sein. Wollte der Heilige Geist irgendetwas tun, dann bitte nur im Rahmen der Vorgaben und Regeln. Auch er muss sich einpassen und nach Vorschrift funktionieren oder draußen bleiben. Die Gemeinde gehört zu sehr sich selber und zu wenig Jesus. Sie predigt zu viel *über* ihn und spricht zu wenig *mit* ihm. Die „Ordnung" ist viel wichtiger als der Heilige Geist, nur hat die Ordnung keine Kraft, uns oder die Gemeinde zu verwandeln, und so bleiben wir und unsere Gemeinden immer die Gleichen. Von der Herrlichkeit erleben wir dabei leider gar nichts, denn der Heilige Geist kann uns nicht dazu befähigen und verwandeln, solange wir ihm nicht auch unsere Strukturen, Regeln und Ordnungen übergeben. Ohne loszulassen, können wir nicht weitergehen. Ohne größeres Vertrauen können wir uns nicht hergeben an Gott, dass er mit uns tue, wie er mit uns tun will, und nicht, wie wir es wollen.

Kapitel 7

Von Herrlichkeit zu Herrlichkeit

*Das Haus des Gebets hat sieben Stufen
und Kammern voller Güter.
In ihm finden alle alles.
Die gesucht haben,
vergessen alle ihre Armut.
Im Haus des Gebets, da wohnt die Fülle.*

Der Herr aber ist der Geist; wo aber der Geist des Herrn ist, ist Freiheit. Wir alle aber schauen mit aufgedecktem Angesicht die Herrlichkeit des Herrn an und werden so verwandelt in dasselbe Bild von Herrlichkeit zu Herrlichkeit, wie es vom Herrn, dem Geist, geschieht (2. Korinther 3,17-18).

Der Heilige Geist hat einiges zu tun, unser „Angesicht aufzudecken". Es gilt, viele Decken von unseren Augen zu nehmen – wir würden heute sagen, es gilt, uns viele Brillen abzunehmen, bis wir den Herrn nicht mehr durch ihren Filter, sondern direkt sehen. In den vorigen Kapiteln haben wir schon viele solche „Brillen" besprochen, die uns den Blick auf den Herrn verstellen. Da ist die Tradition und Liturgie, die Routine und Gewohnheit, das Fleisch mit seinen Inszenierungen und Illusionen über uns selbst; die Hurerei, welche die Frömmigkeit zu einem Geschäft macht; die

Furcht und die Scham vor einem strafenden oder desinteressierten Gott; die Blindheit und Taubheit gegenüber dem Geist, die Unkundigkeit über sein Wirken usw. Wir brauchen eine Menge Befreiung von uns selbst zu uns selbst, die wir in Wahrheit seine Kinder sind, und zu Gott, der in Wahrheit unser Vater ist. Vieles, was wir über Gott und die Gemeinde gelernt haben, müssen wir wieder vergessen und loswerden, weil nichts daran wahr ist. Das *Entlernen* ist ebenso wichtig wie neue Erfahrungen zu machen.

Im Folgenden will ich einige Entwicklungsstadien auf dem Weg des Gebets beschreiben. Wir gehen durch verschiedene *Zustände*, die jeder für sich genommen eine bestimmte Herrlichkeit haben. Jeder weitere Zustand baut auf dem vorherigen auf und geht aus ihm hervor – und so geht es von einer Herrlichkeit zur anderen wie über Stufen zu einer immer klareren Sicht auf die Herrlichkeit des Herrn und einer immer innigeren Erfahrung der Gegenwart Gottes. Am Ende ist Gott „alles und in allem", wir kommen in eine vollkommene Einheit mit ihm, was das Ziel aller spirituellen Wege und Übungen ist. Jede Distanz und Trennung hebt sich auf – und dann sind wir glückselig. Die Zustände können nicht „gemacht" werden, sondern sie *widerfahren* uns.

Unsere Aufgabe ist es, uns an den Heiligen Geist zu hängen und an uns *geschehen zu lassen*, was er uns erfahren lassen möchte. Es geht also darum, dass wir uns in eine Position bringen lassen, in der wir dann in eine bestimmte Verfassung geraten, die uns ermöglicht, gewisse Erfahrungen zu machen und gewisse Erkenntnisse zu gewinnen. Der Heilige Geist kann dazu vielerlei Mittel benutzen: Bestimmte Leute kreuzen unseren Weg oder wir lesen ein ansprechendes Buch. Vielleicht hören wir eine inspirierende Musik oder erleben eine Situation, die uns wie in einem Gleichnis etwas verdeutlicht. Es kann aber auch ein Traum sein, ein prophetisches Wort oder eine Predigt. Es braucht viele einzelne Elemente, um uns an den richtigen Punkt zu bringen, und Gott alleine weiß, welche für jeden einzelnen Menschen die nötigen sind. Ein motivierter Gebetskreis ist selbstredend eine äußerst hilfreiche Sache. Einige wenige Menschen haben gute Mentoren, die ihnen auf dem Wege beistehen und sie begleiten. Das ist Gold wert. Wie wir in einen entsprechenden Zustand gelangen, das liegt nicht in unserer Hand und Machbarkeit. Unsere

Aufgabe ist stets die gleiche: vertrauen. Wir müssen von Stufe zu Stufe nicht *mehr tun*, sondern *mehr vertrauen*.

Jeder Zustand gleicht sowohl einem Raum, den wir im Hause des Gebets betreten, wie auch einem Prozess, den wir durchschreiten. Je nach Geübtheit und Verständnis können wir die Phasen schneller oder langsamer durchlaufen. Manchmal gibt Gott uns einen Vorgeschmack auf das Kommende und wir dürfen schon einmal von Bereichen kosten, die noch weit vor uns liegen. Das motiviert uns, weiterzugehen und nicht auf einer Stufe stehen zu bleiben, in der Meinung, wir seien bereits am Ziel angelangt. Manche Christen aber tun genau das. Sie haben etwas erlebt und *einen* Raum im Geist betreten. Nun predigen sie dieses Erlebnis und diese Erkenntnis, als handele es sich dabei um den Dreh- und Angelpunkt aller Dinge. Damit geraten sie in eine Unausgewogenheit und verzerren die Wahrheit durch Überbetonung eines Einzelaspekts.

Jeder Zustand wird ein Werk an uns und in uns tun und uns verwandeln und formen. Ohne neue Menschen zu werden, können wir nicht in neue Dinge hineinkommen!

Der Startpunkt: die Wüste

> *Jesus aber, voll Heiligen Geistes, kehrte vom Jordan zurück und wurde durch den Geist in der Wüste vierzig Tage umhergeführt und von dem Teufel versucht* (Lukas 4,1-2a).

Der Startpunkt, die „Stufe Null", ist der Ausgangspunkt des ganzen Prozesses. Den Nullpunkt nennen manche christlichen Traditionen auch „Zerbruch". Zerbruch ist die Voraussetzung für den Aufbruch, der die Stufe 1 des Eintritts in das Haus des Gebets darstellt.

Wenn wir uns einmal den Prozess der Verwandlung anhand des Schmetterlings ansehen, dann kommt für die Raupe ein Zeitpunkt, wo sie beginnt, sich unwohl in ihrer Haut zu fühlen. Eigentlich ist um sie her alles so wie immer. Es scheint keinen Grund zu geben für diese tiefe Unzufriedenheit und Verstimmung, die sie unerwartet ergreift. Etwas in ihr fängt erst ganz still und hintergründig, aber dann immer deutlicher an, auf eine *grund-sätzliche Veränderung* zu drängen. Genauso ergeht es uns: Etwas in uns fängt an, die Routine und Gewohnheit, in der wir viele Jahre gut gelaufen sind, infrage zu stellen. Wir mögen uns dessen schämen und meinen, es handle sich um eine Anfechtung, aber die Infragestellung geht weiter und erfasst schließlich unsere ganze Seele mit einem umfassenden Unwohlsein und einer Bedrängnis, die uns schließlich, wenn wir sie nicht doch wieder erfolgreich unterdrücken und „wegbeten", in Bewegung setzen wird, den Status Quo *zu überwinden.*

Für uns Christen mag das so aussehen, dass wir auf einmal den Geschmack an all dem verlieren, was wir bisher als völlig ausreichend für unser geistliches Leben empfunden haben. Wir müssen uns auf einmal zu jeder Veranstaltung aufraffen und kehren vom Gottesdienst genauso leer nach Hause zurück, wie wir hingegangen sind. Predigten, geistliche Musik, Dinge, die uns lange Zeit gefallen haben, kommen uns auf einmal leer und schal vor. Etwas in uns sucht unentwegt nach *anderen* Dingen, worüber wir uns schämen und weshalb wir vor den anderen verbergen, was in uns vor sich geht, weil scheinbar niemand versteht, was mit uns los ist. Wir selbst ja auch nicht. In Wahrheit sind es nicht die Predigten und gewohnten Dinge, die leer sind, sondern *wir sind es,* die leer werden. Wir werden wie ausgeschüttet. Unser Inneres scheint sich geradewegs aufzulösen. Das ist, was mit der Raupe geschieht. Sie zieht sich zurück in die Einsamkeit, begibt sich in die Dunkelheit des Kokons, in dem sie sich buchstäblich auflöst und dann neu formiert zu einem Schmetterling. Ohne Auflösung keine Neuformung. Viele wollen Erneuerung – aber ohne Auflösung. Denn das ist ein verzweifelter Zustand, der sich wie Sterben anfühlt. Altes vergeht, damit Neues wird. Das *Vergehen* fühlt sich dabei furchtbar an.

In diesem Zustand sind wir dünnhäutig und schreckhaft. Unvermittelt fangen wir an zu weinen, ohne zu wissen, worüber, stöhnen in Agonie, ohne zu verstehen, warum. Andere Christen rügen uns, warum wir denn ständig so niedergeschlagen sind und uns scheinbar weigern, uns zu freuen und dankbar zu sein. Sie konfrontieren uns mit der Botschaft des *alten Weges*, den wir im Begriff sind zu verlassen: „Pass dich an, füg dich ein, sei still, tu

deine Arbeit, spiel deine gewohnte Rolle und alles ist im Lot."
Wer wir dabei wirklich sind und was tatsächlich mit uns los ist,
interessiert nicht. Wir weichen vom breiten Weg derer ab, die die
Mehrheit bilden, und können es nicht aufhalten. Wir wissen genau, was von uns verlangt wird und wie wir uns als „gute" Christen zu benehmen haben, und so beißen wir die Zähne zusammen
und machen weiter wie gehabt – ein weiteres Jahr Unglücklich-
sein mit geheucheltem Lächeln auf den Lippen, damit die anderen uns nicht „schräg" ansehen.

Aber auch die Zeit heilt das innere Wundsein nicht. Die Auflösung geht weiter, wir sterben vor uns hin. Schließlich kommen
wir an den Punkt, wo wir nicht einmal mehr wissen, wie und was
wir beten sollen. Wir wissen nicht mehr zu singen und nicht mehr
Bibel zu lesen. Wir verlieren Freunde, weil Leute im Zerbruch
schwer zu ertragen sind und sich nicht leicht trösten lassen. Wie
die Freunde Hiobs reden sie auf uns ein, um uns wieder „zurechtzubringen", aber wir sind untröstlich. Gott scheint sich uns in
einen Feind verwandelt zu haben oder uns schlicht aufgegeben zu
haben. Wir fühlen uns verloren.

Das ist die Wüste.

Die Wüste ist der Ort des Sterbens und der Ort der Wahrwerdung. Dort fallen die Ablenkungen und Geschäftigkeiten zur Seite, mit denen wir bisher erfolgreich den Blick auf unsere Tiefe
vermieden haben. Es ist der Ort der Leere, in dem alles unwichtig
wird, was uns ansonsten in Beschlag nimmt. Gott hat alle seine
Leute in die Wüste geschickt. Der Weg ins verheißene Land führte für das Volk Israel durch die Wüste. David floh nach seiner
Salbung durch Eli in die Wüste. Johannes der Täufer begann seinen Dienst in der Wüste. Der Heilige Geist führte auch Jesus zu
Beginn seines Dienstes 40 Tage lang in die Wüste.

Was geschieht in der Wüste? Prüfung, Versuchung, Klärung,
Läuterung.

In der Situation des Mangels, der Schwachheit und scheinba-
ren Unmöglichkeit, dass sich unsere Vorstellungen eines erfolg-
reichen Lebens jemals erfüllen könnten, zeigt sich, wer wir *wirklich* sind, was wir *wirklich* glauben und wozu wir *wirklich* entschlossen sind. Die Wüste bringt dies alles heraus.

Dort zeigen sich unsere wahren Absichten und unsere wahren Abhängigkeiten.

In der Versuchungsgeschichte von Jesus in Lukas 4 sehen wir, wie der Teufel bestimmte Bedürfnisse und Wünsche Jesu anspricht, um ihn dazu zu bewegen, zu tun, was er – der Teufel – ihm sagt, und damit Kontrolle über ihn zu gewinnen.

Die erste Versuchung Jesu: *Hunger*

Wonach uns am meisten verlangt, wird zu unserer größten Versuchung! Wenn wir unbedingt etwas haben oder erreichen wollen, sind wir möglicherweise bereit „über Leichen zu gehen", zu tricksen, zu manipulieren, zu bestechen und die *Wahrheit zu verkaufen*. Wir werden zu Teufeln. Hunger veranlasste das Volk Israel, in der Wüste über Gott und Mose zu murren, nach Ägypten zurückkehren zu wollen und das Goldene Kalb zu gießen, nach dem Motto: „Da der echte Gott uns nicht gefällt, basteln wir uns einfach einen eigenen." Für Christen kann das Verlangen nach Erfolg, nach einem fruchtbaren Dienst, nach Beifall von Menschen usw. genauso zu einer Versuchung werden, wie es bei den biblischen Beispielen der Fall war. Dafür sind sie uns ja aufgeschrieben. Es gibt einen heiligen Hunger und einen fleischlichen Hunger, einen geistgewirkten und einen egogewirkten. Der richtige treibt uns ins Fasten, der falsche will so schnell wie möglich aus der Wüste heraus, um sich zu verschaffen, was er haben will – egal wie.

Die zweite Versuchung Jesu: der *Dienst* bzw. die *Berufung*

Wir werden versucht, unsere Vision, Berufung oder unseren Dienst *eigenmächtig* voranzutreiben. Mose war ein Paradebeispiel dafür. Er wollte Israel zunächst nach seinen eigenen Vorstellungen und Methoden befreien. Ihm dieses „Eigene" auszutreiben, das schon gleich zu Mord und Totschlag führte, dauerte viele Jahre in der Wüste.

Den Auftrag anzubeten statt den Auftraggeber war auch die Versuchung für Abraham, als er versuchte, den verheißenen Isaak mit der Dienstmagd Hagar hervorzubringen, was leider zu

Ismael führte (1. Mose 16). Die fatalen Folgen spüren wir im Nahen Osten noch heute.

In 1. Samuel 13 entschloss sich Saul, den priesterlichen Dienst des Opferns zu übernehmen, als ihm die Zeit im Krieg knapp wurde, obwohl er dazu nicht befugt war. Diesen Dienst konnte Gott nicht bestätigen, sondern er verwarf Saul aufgrund seiner Eigenmächtigkeit, die in der Folge Tod und Leid über unzählige Menschen brachte.

Im Bereich Dienst geht es um Macht, und der Umgang mit Macht ist ein sehr sensibler Punkt, in dem wir unbedingt über uns selbst Bescheid wissen müssen. Der Schlüssel dazu, Macht recht anzuwenden, ist, dass wir sie für uns selbst nicht benötigen. Der Selbstlose stolpert nicht über die Versuchung der Macht.

Die dritte Versuchung Jesu: das Bedürfnis nach *Bedeutung*

Wir werden versucht, uns Bedeutung zu verschaffen oder uns selbst zu bestätigen, indem wir uns an der Vollmacht und den Wundern Gottes vergreifen. Wir geben mit unseren Erlebnissen mit Gott an und tun unser Wissen hervor, um andere zu beeindrucken.

In 4. Mose 20 schlug Mose den Felsen, um seine Bedeutung vor aller Augen zu demonstrieren. Die Strafe dafür war jedoch, dass er nicht in das Gelobte Land gehen durfte und Josua an seiner Stelle der neue Leiter wurde.

Der Teufel forderte Jesus heraus, etwas Spektakuläres und Aufsehenerregendes zu tun, nämlich von der Zinne des Tempels zu springen und sich so selbst ins Licht zu rücken.

Wir aber müssen wie Jesus auf die Zeit warten, da *Gott* auch uns „in der Kraft des Heiligen Geistes aus der Wüste hervorbringt und die Kunde von uns ins ganze Land ausgeht" (Lukas 4,14). Diese Versuchung ist absolut notwendig, damit sowohl Gott als auch wir selbst sehen, ob wir uns nicht dazu verführen lassen, fehlgeleitet von unseren Bedürfnissen, eigenmächtig zu handeln und uns selbst groß zu machen. Verzichten wir darauf, kann *er* uns groß machen und die Kraft und die Gaben des Reiches Gottes anvertrauen.

Die vierte Versuchung Jesu: das Bedürfnis nach *Rechtfertigung*

Sind wir im Prozess der Auflösung und des Ausgeleertwerdens, werden uns Menschen, die den Prozess nicht verstehen, *angreifen* und *in Frage stellen.* Oft sind dies unsere engsten Verwandten und Freunde, was uns sehr tief verletzen kann. Hier lernen wir die große Lektion der Sanftmut und Gnade: die zu lieben, die uns schlagen, darauf zu warten, *dass Gott uns rechtfertigt, anstatt wir selbst,* und darauf zu vertrauen, dass Gott sie von ihren Irrtümern und falschen Unterstellungen überführt und nicht wir.

Es kann sein, dass wir innerlich unentwegt mit Leuten streiten und uns ihnen erklären. Wir führen im Geist ganze Prozesse und Gerichtsverhandlungen, um uns Gehör und Recht zu verschaffen. Das kostet immense Kraft. Die Wüste ist der Ort, wo dies zu einem Ende kommt und wir davon frei werden, was Menschen über uns sagen und denken – oder *nicht* sagen und denken. Das Erlangen dieser Freiheit ist essenziell, damit wir die sein können, die wir sind und auch die anderen sein lassen, die sie sind – und ebenso auch Gott.

So gehen wir in dem Prozess der Wüste in die Tiefe bis zu unseren Wurzeln und unserem Kern. Die Oberfläche wird durchbrochen und wir erkennen etwas von unserem wirklichen Wesen. Es liegt unter ganzen Schichten von Verletzungen, Verdrängungen und destruktiven Mustern begraben. Das Chaos scheint undurchdringlich und wir wollen den Deckel schnell wieder zumachen, um unser scheinheiliges Pseudoleben weiterzuleben. *Wahrheit braucht Mut.*

Die Wüste läutert und reinigt uns. Wohin wir auch laufen, es ist überall nur Sand. Wir haben nur uns selbst – und Gott. Und er stellt uns die wesentlichen Fragen: Wer bist du? Was willst du? Und wenn alles gut geht, fragen wir irgendwann zurück: Und wer bist Du? Und was willst Du?

Stufe 1: Aufbruch

Auf, ihr Durstigen alle, kommt zum Wasser! (Jesaja 55,1).

Die Erfahrung der Wüste ist bereits der Anfang des *Aufbruchs*. Wie die Raupe sich in ihrem Unwohlsein aufmacht, um zu sterben, um zu leben – so machen Menschen sich auf, um ihrem bisherigen Lebensstil der Oberflächlichkeit und Einbildung zu entfliehen und zu finden, was *wirklich* ist. Dies ist bereits das Wirken des Heiligen Geistes, der uns aus dem Schlaf der Gewohnheit weckt und beginnt, unsere Augen zu öffnen. Vielleicht wollen wir sie gleich wieder zumachen und lieber weiter träumen als leben, weil der Traum so viel leichter ist als die Realität. Gott aber will, dass wir leben. Wir sind geschaffen, um zu leben.

In vielen Gemeinden wird um Erweckung gebetet, aber wehe, wenn sie kommt! Dann gehen die Augen auf und das ganze fromme Theater wird durchschaut. Dann kommt das Weinen und Klagen, das stets das Kennzeichen einer beginnenden *Wende* ist. Wenn die ersehnte Veränderung kommt, dann wollen sie auf einmal doch nicht mehr so viele haben, wie anfangs so dringlich für Erweckung gebetet hatten. Sie dachten, die Erweckung ginge andere und nicht sie an. Sie dachten auch, Erweckung würde nichts Weiteres bedeuten, als dass ihre Gemeinde sich mit neuen Leuten füllt, aber sie wird bedeuten, dass die Gemeinde und alles, was sie tut, infrage gestellt und auf ihre Echtheit und Substanz überprüft wird.

Es mag dann sehr gut sein, dass die Kirche sich erst einmal leert und geradezu auflöst, um für eine *wirkliche* Erweckung bereit gemacht und vom Heiligen Geist umgestaltet zu werden. Er wird nichts lassen, wie es war. Er bringt alles in Bewegung. Dann herrschen erst einmal Aufregung und Chaos. Ohne Chaos, welches zumeist mit allen Mitteln vermieden wird, gibt es keine Erneuerung. Jemand hat gesagt: „Die Wahrheit ist immer ein Skandal." Wenn der Heilige Geist unseren „gepflegten Stillstand" und unsere „heiligen Gewohnheiten" erschüttert, tut das weh, ist irritierend und unbequem. Erweckung tut immer weh und ist immer unbequem. An ihrem Anfang steht die verzweifelte Erkenntnis von immer mehr Menschen, dass es so, wie es ist, definitiv nicht weitergeht. Aber wie es anders gehen soll, wissen sie auch nicht. Sie halten Gott mit Tränen und Schreien ihre Verzweiflung und ihren ärmlichen Zustand, ihre Lauheit und ihre Angst hin.

Menschen, die so weit kommen, sind bereits mitten im Aufbruch zu einem neuen Leben, auch wenn es sich ganz und gar nicht danach anfühlt. Da nimmt der Heilige Geist sie an der Hand und führt sie in die Wüste, wo alles Gekünstelte und Gemachte, alles Aufgesetzte und Geheuchelte abgelegt wird und übrig bleibt, was *wirklich* ist. Damit kann Gott dann etwas anfangen, auch wenn es wenig ist. Das wenige Wahre ist besser als das viele Gelogene. Das Ablegen aller Verkehrtheit – die manchmal sehr gut getarnt ist und auch ein sehr frommes Gesicht machen kann – ist der Beginn der Verwandlung „von der Raupe in den Schmetterling".

Wir betreten das Haus des Gebets in einer veränderten Haltung. Wir sind wie Kinder, die von dem ganzen „Erwachsenengetue" die Nase voll haben und so kommen, wie sie sind. Da nimmt uns Jesus auf die Arme, berührt und segnet uns. Wir empfangen an unserem Tiefpunkt neue Kraft, in der wir uns aus der Asche erheben können und wie einst Abraham hinter uns lassen, was hinter uns ist, und aufbrechen zu einem Land, welches Gott uns zeigen wird – *wenn* wir, ohne uns nach dem Alten umzudrehen, losgehen.

Der Weg erschließt sich nur denen, die aufbrechen. Wir finden auf einmal mitten in unserer tiefsten Wüste wie Mose den „brennenden Dornbusch", aus dem Gott Dinge zu uns sagt, die wir zuvor nicht hören konnten und die uns eine wirklich neue Ausrichtung geben. Wir sind nun selbstlos, wahr und bereit, so zu gehen, wie Gott geht, denn ohne ihn können wir gar nicht mehr gehen. Wie dereinst die Israeliten in der Wüste der Wolkensäule folgten, ohne zu wissen, wohin, so folgen wir nun mitten im Alltag Führungen und Fingerzeigen von Gott, die wir zuvor gar nicht bemerkt haben, weil sie nicht in unser System passten, nicht unter unserer Kontrolle waren oder weil wir dafür einfach zu verschlafen waren.

Mitten in der Wüste begegnen wir Gott.

Diese Begegnung lässt uns wie Phönix aus der Asche neu aufleben und aufstehen aus dem Staub. Wir sind zerbrochen genug, um uns verwandeln zu lassen. Wir haben nichts zu verlieren, haben keine Einwände mehr und stellen keine Bedingungen. Dann können wirklich Wunder geschehen.

In der Wüste erleben wir das große Paradoxon des Glaubens:

Gott macht uns schwach – um uns stark zu machen.

Gott bedrängt uns – um uns zu befreien.

Gott nimmt uns alles – um uns alles zu geben.

Gott wirft uns in den Staub – um uns in den Himmel zu erheben.

Wir sterben – um zu leben.

Wir werden leer – um die Fülle zu bekommen.

Das Ende ist der Anfang.

Der Psalmist David sagt es so: *„Die mit Tränen säen werden mit Freude ernten"* (Ps 126,5).

Stufe 2: Entlastung

Darum lasst auch uns, da wir eine so große Wolke von Zeugen um uns haben, jede Bürde und die uns so leicht umstrickende Sünde ablegen und mit Ausharren laufen den vor uns liegenden Wettlauf, indem wir hinschauen auf Jesus, den Anfänger und Vollender des Glaubens ... (Hebräer 12,1-2a).

Wie wir bereits gesehen haben, widerfährt uns in der Wüste einerseits eine schmerzhafte Wahrwerdung, in der wir entdecken, wie wenig wir wirklich gelebt haben und wie wenig wir überhaupt über unser wirkliches Selbst gewusst haben. Wir erkennen, wie viel unserer Frömmigkeit nur aufgesetzt und oberflächlich war, während unser Herz dabei unberührt blieb und verkümmerte. Aber mit dem Wachwerden für die Wahrheit kommt auch die Befreiung durch die Wahrheit. Jesus sagt es im Johannesevangelium im 8. Kapitel ganz klar: *„Ihr werdet die Wahrheit erkennen, und die Wahrheit wird euch frei machen."*

Gott kennt uns durch und durch, schließlich hat er uns geschaffen! Er kann uns sagen, wer wir wirklich sind, und er kann uns den Weg führen, mit uns selbst in Übereinstimmung zu kommen. Das bedeutet „Frieden". Er wird uns lehren, unsere wahren Gefühle nicht zu übergehen und auch einmal auf die Stimme unseres Körpers zu achten. Der Heilige Geist wird uns immer sensibilisieren. Er steigert unsere Aufmerksamkeit und lässt uns auch die feineren Bewegungen in unserer Seele bemerken. Wir lernen, dass die wesentlichen Dinge oft sehr still sind, während die unwichtigen und nebensächlichen meist schrecklich viel Lärm machen. Schicht für Schicht nimmt der Geist der Wahrheit uns falsche Vorstellungen über uns selbst, über Gott, über die Welt und das Leben überhaupt ab, die uns fest im Griff und für die Wirklichkeit blind gemacht hatten. Wir wachen immer mehr auf. Die Dinge, die uns zunächst so sehr verwirrt hatten, werden klarer, und unsere Unterscheidungsfähigkeit nimmt deutlich zu. Unser Gespür für alles Scheinbare und Vorgespielte wird stärker, und wir wachen bewusster über jeden Zentimeter Boden an Freiheit, den wir gewinnen.

Auf der Stufe der Entlastung kommen wir in einen Zustand der Erleichterung und des Aufatmens. Es geht um die Befreiung von Bedrückung, Übermaß und Sorgen. Wir stellen fest, dass das Haus des Gebets voller Sorglosigkeit ist, wie sie Kindern zu eigen ist. Auf dem Tiefpunkt der Zerbrochenheit haben wir eingesehen, dass wir uns nicht mehr weiter sorgen können, ohne umzukommen. Wir sind so schwach, dass wir keine Kraft mehr haben, uns weiterhin wie verrückt mit allerlei Sorgen um Geld, Wohlstand und Vergnügen zu beschäftigen. Wir hören auf, Gott ausschließlich als Bediener unserer Sorgen zu missbrauchen, und machen die erstaunliche Erfahrung, dass sich alle Sorgen prächtig auflösen, *wenn wir nicht sie, sondern Gott anbeten*. Denn in der wahren Anbetung wenden wir uns mit *ganzem* Herzen, *ganzer* Seele, *ganzem* Verstand und *aller* Kraft Gott zu, sodass für die Sorgen *nichts* von uns übrig bleibt.

Da verlieren sie mit einem Mal die Macht über uns und wir sind frei. Zu einer solchen Ganzheitlichkeit sind wir ohne die Hilfe des Heiligen Geistes allerdings nicht fähig. Wir erkennen in der Wüste, dass wir zu einer *ganzen* Hingabe an Gott gänzlich unfähig sind. Wir entdecken dort, dass wir überhaupt nur eine teilweise Verfügung über uns selbst haben. Verschiedene Anteile unserer Persönlichkeit sind nicht unter unserer, sondern unter fremder

Kontrolle. Wir tun auch keineswegs, was wir wollen, wie wir uns das zuvor eingebildet haben. Wir sind vielen Dingen unterworfen, ihnen zu Willen zu sein, oder so undiszipliniert, dass wir uns keine zehn Minuten *wirklich* auf *eine* Sache konzentrieren können.

Im Haus Gottes wohnt der Glaube und nicht der Zweifel. Der Glaube glaubt, dass Gott sich längst um alle unsere Probleme gekümmert hat, wie er ja an vielen Stellen versprochen hat. Im Haus des Gebets lernen wir den unbeschwerten Gott kennen, der keine Angst vor irgendetwas hat und von keiner Situation beeindruckt ist. Er ist der Anfänger und Vollender unseres Glaubens. *Nicht wir* sind es; er ist es. Es geht dabei nicht einmal darum, unseren *eigenen* Glauben herzustellen, sondern *seinen* Glauben zu empfangen und uns von ihm umgestalten zu lassen.

Der Anblick des sorglosen Gottes wird uns zunächst die Sprache verschlagen, weil wir diesen Zustand mit unserer Kleinkinderzeit verloren haben, und dann wird er unseren Mund mit einem Lachen füllen, welches wir ebenso lange nicht mehr gekannt haben. Wir machen in der Nähe Gottes die unmittelbare Erfahrung, dass „alles vollbracht" ist. Darin finden wir eine solche Ruhe, wie sie auf Erden nicht möglich ist – nur unter Drogen. Wir werden leicht und beschwingt wie Kinder.

Jetzt fällt es uns leicht, die Hände zu heben und uns zu strecken. Ob wir mit anderen zusammen beten oder für uns alleine zuhause sind, wir fühlen uns leicht und frisch und wollen im Gebet aufstehen und umhergehen. Die alte Haltung, gebeugt dazusitzen wie ein Häufchen Elend, gefällt uns nicht mehr. Wir sind aus dem Elend aufgebrochen und machen endlich neue Erfahrungen mit Gott, die uns beflügeln. Unser Singen wird lauter, voller und intensiver. Unser Körper wird in die Anbetung einbezogen und kommt in Schwung. Die Herrlichkeit dieses Zustandes ist größer als die Herrlichkeit des Zustandes der Wahrwerdung. Aber wir werden in der Wahrwerdung *bleiben*, sonst verlieren wir die Freiheit wieder, die sie bringt.

In manchen Gemeinden wird die Freiheit gepredigt, während alle da sitzen wie in einer Strafanstalt. Die Freiheit wird geredet, aber nicht erlebt. Sie ist theoretisch.

Freiheit ist ein Kind der Wahrheit. Wir haben vielleicht gemeint, dass es sich bei der Wahrheit um Bibelstellen handelt, die wir uns aneignen. Bei der Wahrheit aber geht es *um uns*. Der Geist der Wahrheit muss uns an der Hand nehmen und den Weg des Wahrhaftig-*Werdens* führen. Nicht Wahrheiten kennen, sondern wahr werden, darum geht es. Ohne seine Hilfe werden wir niemals aus dem Gefängnis unserer gut antrainierten Irrtümer und Ansichten herauskommen.

Auf der Stufe der Befreiung erleben wir erfreulicherweise auch, dass eine Menge Krankheiten verschwinden. Sie hatten ihre Ursache in unserer Überlastung und Frustration. Verschwinden Last und Frust, kommt auch Heilung. Machen wir Fortschritte im Prozess der Entlastung und Befreiung, fragen wir uns ab einem bestimmten Punkt ernsthaft, wie wir zuvor nur unter solch unglaublichem Druck leben konnten und das auch noch für „normal" hielten.

In manchen Teilen der Christenheit ist Heilung wieder ein Thema. Es werden Hände aufgelegt, mit Öl gesalbt und Gebete gesprochen oder der Krankheit in Jesu Namen geboten. Der Erfolg ist jedoch mäßig. Ich denke, ein Grund ist in der fundamentalen Überlastung der Menschen in unserer Kultur zu finden, die wiederum mit einem grundsätzlichen Leben in der Lüge zu tun hat. Bei manchen Heilungssuchenden, die unbedingt für sich gebetet haben wollen, scheint mir des Öfteren ein magisches Denken vorzuliegen, nach dem Motto: „Wenn nur viele oder ‚Besondere', wie Priester und Pastoren, oder noch besser Apostel und Propheten, für mich beten, dann wird es klappen." Um sie zu heilen, braucht es aber kein vollmächtiges Gebet, sondern eine Umstellung des ganzen, kranken Lebensstils. Daran wollen sich viele nicht begeben. Sie wollen gerade so weitermachen, wie gehabt.

Manches Mal ist die Krankheit ja ein Warnzeichen, dass jetzt eine Grenze erreicht ist, wo sich *wirklich* etwas ändern muss, aber statt den Weg der Veränderung zu gehen, wird sich in die Schlange zum Heilungsgebet gestellt. Wenn derjenige, der für die Kranken betet, sensibel für den Geist ist, wird er genau merken, dass er dem Heilungssuchenden bestimmte Aufgaben mitgeben muss, die ihm helfen, zu sich selbst zu kommen und sich auf den Geist einzulassen. Aber ich habe erlebt, wie so manche Kranken darüber ungehalten wurden, keine Ratschläge und Anweisungen, sondern nur „die Kraft" und „Salbung", die alle Symptome „weggebetet", haben wollten. Solchen Leuten ist schwer zu helfen. Sie haben keine Zeit für die Wahrheit und suchen nach einer Instant-Lösung für ihre Probleme, um weiterzueilen auf Wegen, die ihnen keine Zeit für die Wahrheit lassen.

David betet in Psalm 139 ein kluges Gebet: *„Erforsche mich, Gott, und erkenne mein Herz. Prüfe mich und erkenne meine Gedanken! Und sieh, ob ich auf einem Weg der Mühsal bin, und leite mich auf den ewigen Weg."* David hat erkannt, dass er selbst möglicherweise gar nicht bemerkt, dass er auf einen Abweg oder in eine Sackgasse geraten ist. Gott aber weiß es und kann ihn genau an den Punkt führen beziehungsweise erinnern, wo es anfing.

Gott weiß um jeden neuralgischen Punkt, den wir längst vergessen haben oder für völlig belanglos hielten. Er erinnert uns an Worte und Begegnungen, die uns verletzt haben, die zig Jahre her sind und *immer noch* an uns zehren. Er legt seine Finger auf Ereignisse, die uns zu falschen Entscheidungen führten oder uns selbst verraten ließen. Je mehr Gott uns zeigt, desto demütiger werden wir, weil wir merken, wie wenig wir merken. Mit der Zeit staunen wir nur noch darüber, wie sensibel unser Herz doch in Wahrheit ist und wie hart wir es gemacht haben. Wir erkennen, dass wir uns selbst nicht besonders gut kennen, und auch, dass wir kaum etwas darüber wissen, wie wir gut mit uns selbst umgehen können. All das muss Gott uns zeigen. Und all das gehört zur Gesundung unseres Menschseins.

Uns zu erweichen und lockerzumachen, zugänglich und empfindsam, das ist eine große Heilungsaufgabe! Wir können uns selbst einmal die Frage stellen, wie *wir* wohl zu erweichen und aufzulockern wären bzw. wie *wir* zugänglich und empfindsam werden. Immer wieder brauchen wir Entlastung und Entspannung. Immer wieder müssen wir von Jesus in die Arme genommen und gewiegt werden, bis unsere Nerven ruhig werden und wir in die Lage versetzt werden, überhaupt zuhören zu können, was der Geist der Wahrheit uns sagen will.

Es gibt Christen, die meinen, zu ihnen rede Gott nicht. Sie hören rein „gar nichts". Aber Gott redet immerzu und schweigt keineswegs. Sie jedoch sind „taub und stumpf". Zu ihnen durchzudringen, ist schwierig, weil sie sich mit dicken Mauern und gut funktionierenden Sicherheitssystemen umgeben haben, um *niemanden* an sich heranzulassen. Auch Gott nicht. Er steht wie alle anderen draußen vor den Toren und wartet auf Einlass. Bitterkeit und Scham können einen Menschen sehr „dicht" machen. Meine Erfahrung ist, dass solche Menschen wie „mariniert" werden müssen. Wenn sie für einige Zeit einfach in einem Gebetskreis dabei sein können, in dem eine Atmosphäre des Aufbruchs und der Befreiung mit ihrer spezifischen Herrlichkeit herrscht, werden sie davon unmerklich erweicht und durchdrungen.

Stufe 3: Entfachung

Ein ewiger Gott ist der Herr, der Schöpfer der Enden der Erde. Er ermüdet nicht und ermattet nicht, seine Einsicht ist unergründlich. Er gibt dem Müden Kraft und Stärke genug dem Ohnmächtigen. Jünglinge ermüden und ermatten, und selbst junge Männer straucheln und fallen. Aber die auf den Herrn harren, gewinnen neue Kraft: Sie heben die Schwingen empor wie die Adler, sie laufen und ermatten nicht, sie gehen und ermüden nicht (Jesaja 40,28b-31).

Hand in Hand mit der Wahrwerdung und der Befreiung geht eine Entfachung unserer Kraft.

Schien nur mehr ein Funken Leben in uns zu glimmen, wird er nun zu einem hell brennenden Feuer entfacht. Der Heilige Geist wird Öl in unsere Lampen füllen wie im Gleichnis der törichten Jungfrauen (vgl. Matthäus 25,1-13). Unser menschlicher Geist wird durch das Öl des Heiligen Geistes erfüllt und beginnt zu leuchten und zu scheinen. Wir können ihn spüren und in seiner Kraft das fleischliche Wesen, die Hurerei und das Gebeugtsein leicht überwinden. Wir atmen Frühlingsluft nach langem Winter und spüren die Vorboten noch viel größerer Lebendigkeit.

Haben wir uns erkannt und zugegeben, dass wir sind, wie wir sind, und setzen unsere Hoffnung nicht mehr auf unsere Spielchen und eigenen Leistungsmöglichkeiten, sondern kommen zu Gott als Kinder, dann gewinnen wir auf der Stelle neue Kraft. Diese hebt und richtet uns auf. Wir haben alte Dinge losgelassen und können darum neue empfangen. Gott gibt uns neue Kraft für das Neue. Wir spüren, wie diese neue Kraft sich in uns ausbreitet und uns Flügel gibt, im Wind des Geistes zu fliegen. Es ist wunderbar! Wir können uns besser konzentrieren, anhaltender beten und gewissere Schritte tun. Unser Ausdruck wird kraftvoller und lebendiger. Was wir zuvor nur mit Mühe über die Lippen gebracht haben, kommt nun kräftig und bestimmt. Nun verstehen wir viel besser, dass Gott will, dass wir *leben*. Das Leben ist keine Theologie und keine Veranstaltung am Sonntagmorgen. Das Leben ist eine Bewegung, die uns durchdringt und erfasst. Jede Zelle unseres Körpers scheint mehr Energie zu haben als zuvor, und das Joch der Müdigkeit und Mattheit auf uns zerbricht.

An diesem Punkt wird auch die Gebetsgemeinschaft lebendig und intensiv. Das Leben scheint untereinander hin und her zu fließen und alle wie in einen Tanz mitzunehmen. Eine Freude am Leben teilt sich untereinander mit. Auch ohne Themen und Anliegen wird das Gebet zu einer Feier des Lebens. Nun ist eine Stunde Gebet schnell vergangen und man will gar nicht wieder auseinandergehen. Ist der Zugang zu unserem Herzen gefunden und können wir darum Gott *von Herzen* meinen und begegnen, ist ein großer Durchbruch geschafft. Uralte, verschüttete Quellen beginnen zu fließen, Anteile unseres Wesens erwachen unter der Infusion neuen Lebens wie Blumen in der Wüste, wenn nach Jahren der Dürre endlich der Regen kommt. Die Bibel ist voll dieser Bilder des Erblühens und Schönwerdens. Unser Zustand verwandelt sich von Mangel in Fülle, von innerer Armut zu innerem Reichtum. Wir fühlen uns mehr als je wie *echte Menschen*. Hatten wir früher immer wieder Anflüge von einer solchen Ohnmacht, dass wir gar nicht mehr wirklich leben wollten, so sind wir jetzt überzeugt von dem Wert des Lebens und *wollen* leben.

Die innere Ermächtigung und Entfachung betrifft im Besonderen unseren Willen, der neue Stärke gewinnt, das Wahre, Gute und Vollkommene von ganzem Herzen, ganzer Seele und ganzer Kraft zu wollen. Wir sind nun in Berührung mit dem Leben selbst und wollen ihm sowohl gehören wie auch dienen.

Im Zustand der Entfachung halten wir wesentlich mehr Stress aus als zuvor. Alles geht uns leichter von der Hand und verliert an Widerspenstigkeit. Wenn wir dem Leben gerne gehören und dienen, dann auf einmal gehört und dient es im Gegenzug auch uns gerne. Wenn wir es nicht fürchten, sondern lieben, umfängt und segnet es uns. Nun sind wir Gott viel näher als vorher. Eine Menge innerer Widerstände gegen ihn sind überwunden und wir werden mit einer neuen Stufe von Herrlichkeit belohnt.

Entfachung ist ein wesentlicher Anteil von Erweckung. Menschen kommen aus der langen inneren Dürre zu einer neuen Fruchtbarkeit und Blüte. Das Leben einer ganzen Gemeinde kann erwachen und aufblühen, was der Umgebung nicht verborgen bleiben wird. Das Leben ist sehr attraktiv, viel attraktiver als Traktate und missionarische Veranstaltungen. Werden Menschen lebendiger und glücklicher, dann ist das ein starkes Zeugnis und ein großer Anreiz für andere, ebenfalls aufzubrechen und sich ihnen anzuschließen. Hier haben wir den Widerspruch zwischen einer Evangelisation, die den Hörern moralisch Druck macht oder sie mit intellektuellen Argumenten zu überzeugen versucht, und der Anziehungskraft echten und überfließenden Lebens.

Nicht alle Menschen reagieren auf Moral und Argumente, aber auf *das Leben* reagieren die meisten doch, denn schließlich sind sie geschaffen, um zu leben. Jesus sagt es ganz klar, dass er gekommen ist, *„dass wir das Leben haben sollen, und das im Überfluss"* (Johannes 10,10). Manche Gemeinde ist voller Richtigkeit, aber ohne Leben. Alles „funktioniert", nichts lebt. Dies ist ein verzweifelter Zustand! Der Weg von „einer Herrlichkeit zur anderen" ist der Weg von einem Maß an Lebendigkeit zu einem größeren Maß davon. Betreten wir das Haus des Gebets, so betreten wir das Haus des Lebens. Dort wird das Gebet von einer „Funktion" und „Veranstaltung" zu einer Erfahrung und Schule des Lebens. Jesus war so lebendig, dass die Toten wieder aufstanden, wenn sie mit ihm in Kontakt kamen. So geht es auch uns. Je mehr wir mit ihm in Berührung kommen, desto lebendiger werden wir.

Stufe 4: Triumph

Gott aber sei Dank, der uns allezeit im Triumphzug umherführt in Christus und den Geruch seiner Erkenntnis an jedem Ort durch uns offenbart! (2. Korinther 2,14).

Jetzt, nach dem Aufbruch, der Entlastung und der Erweckung bzw. Entfachung, treten wir in einen Zustand ein, in dem uns der Sieg bzw. die Überlegenheit Christi über alle Mächte und Kräfte bewusster und erfahrbarer wird. Wir erleben im Gebet, dass unser Herz sich Christi *rühmt* und ihn *hoch erheben* will über alle Dinge. Für uns, die wir an so viel Niederlage gewohnt waren und daran, dass irgendwie nichts richtig funktioniert, ist der Zustand des Triumphes eine unglaubliche Wohltat. Der Geist des Opferseins wird aus uns ausgetrieben, und mit ihm hört eine Menge Seufzen und Stöhnen auf. An seine Stelle tritt eine Empörung über das Geduckt- und Beschämtsein, über die Knechtschaft und Beugung, die uns so lange im Griff hatten. Wir singen mit Israel das Lied des Triumphes: „Gott ist ein Held! Er erweist sich als mächtig im Kampf" (vgl. 2 Mo 15,1–21).

Im Zustand des Triumphes fühlen wir uns stark und wehrhaft. Geistlich gesehen greifen wir zu den Waffen und dulden nicht mehr das Jammern und „Klein-Klein". Wir legen uns mit den „Mächten und Gewalten an" von denen wir in Epheser 6 lesen. Das ist möglich, weil wir jetzt die Forderung erfüllen, die dort der Auseinandersetzung mit diesen Mächten voransteht, nämlich „stark zu sein im Herrn und in der Macht seiner Stärke". Diese Stärke hüllt uns ein wie die dort beschriebene „Rüstung". Wir haben nicht nur ein theoretisches Wissen darüber, dass wir „in Christus" sind und „Christus in uns", sondern wir spüren und erleben es. In dieser Gewissheit sind wir stark und bereit zum Konflikt. Das Gebet verändert sich vom *Bitten zum Bestimmen*.

Streckenweise kommen wir uns vor wie die Propheten von einst, die über Völker und Umstände prophetisch Gottes Urteile sprachen, wie uns das zum Beispiel in mehreren Kapiteln im Buch Hesekiel überliefert worden ist. Im Gebet kommt das Klatschen hervor, der Jubelruf und das Kriegsgeschrei. Im Geist wird „geschimpft" und „geboten". Wir wundern uns immer wieder über uns selbst und gehen – wie auf allen Stufen – erneut über eine ganze Reihe von Grenzen, die uns zurückgehalten haben, mit dem Geist in Neues hineinzugehen und auszudrücken, was in uns ist. Hatten wir bisher das Bild eines Jesus verinnerlicht, der lockenköpfig voller Harmlosigkeit mit Sandalen an den Füßen durch Palästina läuft, öffnet uns nun der Heilige Geist den Blick darauf, dass Jesus jetzt *auf einem Thron* sitzt und so Ehrfurcht gebietend aussieht, dass Johannes auf der Insel Patmos bei seinem Anblick zu Boden ging. Seine Beschreibung des *aktuellen* Jesus liest sich so:

Inmitten der Leuchter sah ich einen gleich einem Menschen, bekleidet mit einem bis zu den Füßen reichenden Gewand und an der Brust umgürtet mit einem goldenen Gürtel; sein Haupt aber und die Haare waren weiß wie Wolle oder Schnee und seine Augen wie eine Feuerflamme und seine Füße gleich glänzendem Erz, als glühten sie im Ofen, und seine Stimme wie das Rauschen vieler Wasser; und er hatte in seiner rechten Hand sieben Sterne und aus seinem Mund ging ein zweischneidiges, scharfes Schwert hervor, und sein Angesicht war wie die Sonne, die leuchtet in ihrer Kraft. Als ich ihn sah, fiel ich zu seinen Füßen wie tot (Offenbarung 1,13-17a).

Nicht nur Johannes ging zu Boden, auch der große Apostel Paulus wurde auf dem Weg nach Damaskus buchstäblich von seinem Pferd geworfen, als er *diesem* triumphalen Jesus begegnete. Die Begegnung mit dem *auferstandenen* Jesus war dermaßen erschütternd für ihn, dass sein ganzes Leben an diesem Punkt eine Wende nahm und ihn vom größten Christenverfolger zum größten Apostel verwandelte. Dass heutzutage nur wenige Leute eine solche Erfahrung machen, die sie bis in die Grundfesten erschüttert, ist eine Tragik, denn auf diese Weise fehlen uns die Apostel, die das „Zeugnis Jesu" mit ihrer ganzen Person authentisch verkündigen können.

Auf der Stufe des Triumphes machen wir eine Menge neue Erfahrungen mit den Gaben des Geistes und lernen etwas über Vollmacht und Autorität.

Wenn wir uns einmal vorstellen, wie es zu römischen Zeiten zuging, wenn ein Feldherr mit jeder Menge Kriegsbeute durch den Triumphbogen in die Stadt einzog und alles Volk ihm zujubelte, dann können wir verstehen, dass dies nicht „still mit gefalteten Händen" vor sich ging, sondern mit Schreien, Jubeln und Springen. Wenn wir tatsächlich erkennen, dass Jesus „alle Macht im Himmel und auf der Erde gegeben ist" (vgl. Matthäus 28,18), dann werden auch wir laut werden und jubeln. Aber wie gesagt, wenn das alles nur graue Theorie ist und nicht erfahren und erlebt wird, wird es uns nicht vom Hocker reißen und unsere Predigt darüber wird so hohl und kraftlos sein, dass keiner zuhört.

Aber gerade auf der Ebene des Triumphes können Christen versucht sein, zu meinen, dies sei die höchste Stufe und der geistliche Kampf sei das A und O. Ihre Aufmerksamkeit wird schließlich so bestimmt von „strategischem" Denken und dermaßen orientiert am „Feind", dass sie unausgewogen, einseitig und „seltsam" werden. Das Triumphieren wird für sie zum entscheidenden Merkmal aller Treffen und Veranstaltungen. Ihre Lieder, Gebete, Predigten usw. sind schließlich allesamt inspiriert von Krieg und Triumph. Andere Wahrheiten werden zur Seite gedrängt und Stolz über die großen Erkenntnisse und Vollmachten dringt ein. Ich habe schon manche „Brüder und Schwestern" erlebt, die sich anderen Christen gegenüber unglaublich überlegen fühlten und nur mehr ein abschätziges Lächeln für sie übrig hatten. Gerade auf der Ebene des Triumphes mit ihrer größeren Herrlichkeit müssen wir *selbstloser* sein als auf jeder Ebene davor, sonst müssen wir erneut in die Wüste geführt werden, um zur Besinnung zu kommen. Genau das haben auch viele „große Kämpfer" erlebt.

Von Mose, der wohl die größten Wunder vollbrachte, die je ein Mensch im Namen Gottes auf Erden vollbrachte – denken wir nur an die Plagen im Lande Ägypten oder die Teilung des Roten Meeres – heißt es, dass er „der demütigste Mann auf Erden war" (4. Mose 12,3).

Jede Stufe bzw. jeder Zustand, in den wir im Haus des Gebets eintreten, bringt eine größere Freiheit mit sich; Freiheit aber braucht Verantwortung. Darum wollen ja so wenige Freiheit haben und bleiben lieber Sklaven. Auf dem Weg zu größerer Freiheit muss in der Entsprechung dazu sowohl unsere Selbstlosigkeit bzw. Demut als auch unser Verantwortungsbewusstsein wachsen. Jesus sagt es so: „*Wem viel gegeben wird, von dem wird auch viel erwartet*" (vgl. Lukas 12,48). Und Paulus sagt im Brief an die Galater: „*Ihr seid zur Freiheit berufen worden, Brüder. Nur gebraucht nicht die Freiheit als Anlass für das Fleisch, son-*

dern dient einander durch die Liebe" (Galater 5,13). Macht ist im Reich Gottes ausschließlich zum Dienen da.

Da wir in unserer Kultur von Haus aus normalerweise sehr wenig über den gesunden Umgang mit Macht gelernt haben, kaum gute Vorbilder darin hatten und auch in den Gemeinden eher die heilige Ohnmacht kultiviert wird als die verantwortungsvolle Teilhabe an der Autorität Christi, ist es nicht verwunderlich, dass gerade in diesem Punkt viele Fehler gemacht werden und ein riesiger Nachholbedarf besteht.

Stufe 5: Anbetung pur

Und jedes Geschöpf, das im Himmel und auf der Erde und unter der Erde und auf dem Meer ist, und alles, was in ihnen ist, hörte ich sagen: Dem, der auf dem Thron sitzt und dem Lamm, Lobpreis und Ehre und Herrlichkeit und Macht von Ewigkeit zu Ewigkeit! Und die vier lebenden Wesen sprachen: Amen! Und die Ältesten fielen nieder und beteten an (Offenbarung 5,13-14).

Nach der Erfahrung des Triumphes wird „das Lamm" mächtig erhoben und bejubelt. Alles in uns möchte ihn nun nach allen Kräften preisen und besingen. Gedichte und Oden fließen über unsere Lippen; Psalmen und Gesänge voller Leichtigkeit und Erhebung finden sich in unserem Munde. Was wir an irdischen Liedern aus dem Gesangbuch kennen, ist viel zu wenig und gering; der Geist selbst gibt uns „ein neues Lied in unseren Mund" (vgl. Offenbarung 5,9), mit dem wir das Unaussprechliche aussprechen und unserem Herzen Luft machen können. Es ist wie der süße Rauch, der vom Altar zu Gott aufsteigt, und wir mit ihm. Die Anbetung ist jetzt ganzheitlicher als alles, was wir zuvor gekannt haben. Wir wollen fröhlich sein und tanzen.

Wenn es an den Punkt der Anbetung kommt, müssen wir ganz besonders viel verlernen von einer christlichen Kultur, die nur mehr sehr wenig davon versteht und im Allgemeinen meint, Anbetung sei, ein „paar Lieder zu singen". In der menschengemachten Kirche geht es nicht mehr um die Anbetung Gottes, sondern das Anpredigen der Menschen. Die Lieder sind das Vorspiel zur Predigt, die das „Wichtigste" im Gottesdienst ist. Aus der Bibel stammt dieses Konzept freilich nicht.

Alle Stufen, die wir bisher betrachtet haben, bilden ein gutes Fundament wirklicher Anbetung. Zuerst braucht es *Wahrheit*. In dem Moment, wo wir uns selbst, einander oder Gott in unserer Anbetung irgendetwas vormachen wollen, ist es schon vorbei damit. In der wahren Anbetung treten wir vor Gott, wie wir sind, und lassen auch ihn sein, wie er ist. Es geht nicht um Anbetung *machen*, sondern um Anbetung *sein*.

Nach dem Wahrwerden braucht es die Entlastung von den Sorgen und Mühen, die uns beherrschen wollen und die Anbetung „von *ganzem* Herzen, *ganzer* Seele und *ganzer* Kraft" verunmöglichen.

Dann geht es um die Befreiung von dem hurerischen Geist, der Gott nur hernehmen will, um gesegnet zu werden – und ihn deshalb auch mit dieser „Geschäftsmentalität" anbetet, was natürlich ein Unding ist.

Und schließlich braucht es die Entfachung unserer Hingabefähigkeit mit Kraft von oben, sodass wir überhaupt in der Lage sind, uns auf den wahren Gott einzulassen und ihm nahen zu können, denn darum geht es in der Anbetung: um Nähe, um Berührung, um Liebe. Anbetung ist Liebe. Die Anbetung kann sich dabei auf jede Tätigkeit ausdehnen und unseren *gesamten Alltag* zu einem Heiligtum machen, wenn wir diesen dazu nutzen, Gott zu lieben.

Wir lieben ja zum Beispiel auch unsere Familie nicht nur am Sonntag, während wir sie den Rest der Woche links liegen lassen. Wir beten Gott an, weil wir ihn lieben – und wir lieben ihn nicht nur am Sonntag, sondern jeden Tag. Und wir lieben ihn, weil er sich uns gezeigt hat, wie er in Wahrheit ist. Wenn er uns erhebt und uns seine „Herrlichkeit und Macht" zeigt, treten wir in den Triumph ein und beten ihn mit den *„zehntausend mal Zehntausenden und tausend mal Tausenden"* von Engeln und Menschen an (vgl. Offenbarung 5,11). Es ist, als würden wir den Thronsaal betreten und mit all diesen Wesen gemeinsam in einem Meer von Anbetung versinken. Die Erfahrung dieser Anbetung hat eine überaus verwandelnde Wirkung auf uns. Wir fühlen uns ganz und gar *richtig* in dieser Anbetung – ja, wie *zuhause*. Wir fühlen uns wunderbar frei und *menschlich* und sind nach einer Anbetungszeit, in der wir zu diesem Punkt kamen, beseelt und in Frieden mit Gott und Menschen. Wir fragen uns: Wie können Menschen ohne Gott überhaupt Menschen sein?

Nach einer wahren Anbetungszeit sind wir munter und lebendig, bereit, große Taten zu vollbringen und kreative Dinge zu tun. Alles scheint uns besser zu gelingen und harmonisch mit uns zusammenzuwirken. Wir fühlen uns mehr denn je *eins* mit allen und allem. Das ist die größere Herrlichkeit dieser Stufe.

Stufe 6: Die Freude der Braut

In den Städten Judas und auf den Straßen Jerusalems, die öde sind, ohne Menschen und ohne Vieh, dort wird wieder gehört werden die Stimme der Wonne und die Stimme der Freude, die Stimme des Bräutigams und die Stimme der Braut, die Stimme derer, die sagen: Preist den Herrn der Heerscharen, denn der Herr ist gut und seine Gnade währt ewiglich – die Stimme derer, die Lob in das Haus des Herrn bringen (Jeremia 33,11).

Erwacht in der Anbetung der Tanz und das Frohlocken, dann kommt *die Braut* hervor! Schönheit und Pracht, Anmut und eine Erregtheit gegenüber dem Bräutigam Jesus, der sich mit uns vereinen möchte, wallen in unseren Herzen, Seelen und Körpern hoch. Anbetung, die nicht zur Freude führt, ist unvollkommen. Mag es auch Phasen der Erschütterung über unseren Zustand der Unfähigkeit, Gott zu lieben, oder über andere Umstände, die uns traurig machen, geben, so ist doch die Anbetung der direkte Weg in die Freude. Das Kennzeichen der Erlösten ist Freude: *„Und die Erlösten des Herrn werden zurückkehren und nach Zion kommen mit Jubel, und ewige Freude wird über ihrem Haupt sein. Sie werden Freude und Wonne erlangen, und Kummer und Seufzen werden entfliehen"* (Jesaja 35,10). Dieser Vers hat es in sich!

In allen Kirchen wird eine Menge über die Erlösung philosophiert, aber wo ist die Freude? Vielerorts wird die Erlösung nicht in den Kontext der Wiederherstellung der seligen Einheit mit Gott gestellt, sondern in den Kontext *der Sünde*. Es scheint in der Erlösung ausschließlich um die Sünde zu gehen und nicht um die Brautschaft, zu der wir erlöst werden. Der Fokus liegt auf dem Negativen und nicht auf dem Positiven. Immer wieder wird gedankt für die Erlösung von den Sünden, aber nicht für die Gnade, nun in die unmittelbare Nähe Gottes treten zu können, wo wir in das Bild Christi verwandelt werden von einer Herrlichkeit zur anderen.

Im Zusammenhang mit der Erlösung hört man selten von der Herrlichkeit, obwohl wir eben zu ihr erlöst werden. Sie wurde durch die Sünde verloren, und nun haben wir sie durch die Erlösung, die Christus am Kreuz erwirkt hat, wiederbekommen (Römer 3,23-24). Dies ist wirklich „gute Botschaft"! Es gibt Passagen in der Bibel, die sich über diesen Punkt schier überschlagen, um Worte dafür zu finden. 2. Korinther 3,6-11 ist so eine Stelle, in der der Dienst des Geistes als „Dienst der Herrlichkeit" bezeichnet wird. Die Vermittlung der Herrlichkeit wird dort als *die* „Aufgabe des neuen Bundes" bezeichnet, „überreich an Herrlichkeit".

Da wir der Herrlichkeit völlig entwöhnt sind und normalerweise keinerlei Vorstellung darüber haben, außer vielleicht fromme Klischees über Wolken und Harfenmusik, muss Gott uns durch eine Reihe von Zuständen führen, die uns für die Herrlichkeit, zu der wir erlöst sind, fähig machen. Dazu reicht die Wiedergeburt nicht aus. Sie ist eine Voraussetzung, aber kein Automatismus. Die Erlösten können in einem höchst unerlösten Zustand verweilen, wenn sie nichts darüber wissen, dass und wie der Heilige Geist sie zu verwandeln gedenkt, um sie herrlichkeitstauglich zu machen. „Was ich nicht weiß, macht mich nicht heiß", sagt ein Sprichwort. Weiß ich über die Herrlichkeit nichts, dann werde ich in der Sache auch nichts unternehmen.

Eine ganz böse Geschichte ist die, dass manche Theologen die Herrlichkeit einfach aufs Jenseits verschoben haben. Die Erdenzeit wird als „Jammertal" gesehen, welches es „im Glauben" durchzustehen gilt – und dann kommt der Himmel mit der Herrlichkeit. Das ist ein folgenschwerer Irrtum. Der Himmel ist auch jetzt im Moment für uns alle verfügbar – im Geist. Dies ist keine Angelegenheit von lebendig oder gestorben sein, sondern davon, im Geist zu sein oder nicht. Durch den Geist *haben wir* Zugang zu Gott (Epheser 2,18) – jederzeit. Und da wir diesen Zugang durch die Erlösung im Geist haben, werden wir auch ganz klar aufgefordert, ihn zu nutzen und nun bitteschön zu kommen (Hebräer 4,16). Ob wir den Zugang nun nutzen oder nicht, ist aber unsere freie Entscheidung. Wir *müssen* die Geschenke des Himmels nicht annehmen und *müssen* dem Geist nicht folgen. Eine Theologie, die Gott aus dem *Hier und Heute* heraushält und ihn faktisch auf die Vergangenheit und Zukunft beschränkt, ist teuflisch und macht die Erlösung zu einer rein abstrakten Angelegenheit. Denn in unserem praktischen Lebensvollzug haben wir nur das Hier und Jetzt.

Kommen wir in der Anbetung mit der Herrlichkeit Gottes in Berührung, dann kommt die Freude wie Wellen, die uns überschwemmen. Da ist nicht ein wenig Freude, sondern *mächtige* Freude, in die wir eintauchen wie in eine Ozeanwelle. Nie hätten wir uns denken können, was es ist, in ein *Meer* von Freude zu fallen! *„Die Freude am Herrn ist unsere Kraft"*, heißt es in Nehemia 8,10. Und wirklich: Mit der Freude kommt die Kraft, die uns so ausgelassen, lebendig und kreativ macht. Alle Mediziner und Psychologen sind sich einig darin, wie *heilsam* Freude ist und wie krankmachend ihre Abwesenheit. Es werden von der Freude Hormone und andere Stoffe freigesetzt, die unseren Körper verändern und seine Vitalität erhöhen.

Nun denken viele Menschen, dass sie sich erst dann freuen können, wenn ihre Probleme gelöst sind. So werden Unmengen an Bittgebeten mobilisiert und keine Anbetung. Aber es ist genau umgekehrt: *Zuerst* kommen wir in die Freude, *dann* lösen sich eine Menge Schwierigkeiten auf und alle möglichen Symptome verschwinden. Hier irren sich viele Beter. Zur Erhörung ihrer Gebete müssen zuerst *sie* in einen anderen Zustand gebracht werden, nämlich einen der Wahrheit, der Sorglosigkeit, der Kraft und schließlich des Triumphes. Es gibt Probleme und Situationen, die nicht verändert werden können, wenn nicht *wir* verändert werden. Das eigentliche Problem ist nicht das Problem, sondern wir sind es. Gott scheint die Gebete nicht zu erhören, aber er erhört sie sehr wohl, nur *ganz anders*, als wir meinen. Er bringt uns zunächst *aus* den Sorgen heraus und *in* den Geist hinein, der unser

Wesen so umformt, dass wir die Antwort überhaupt erst empfangen können.

Die Aufmerksamkeit der Braut gilt allein dem Bräutigam. Das „Lied der Lieder" von Salomon beschreibt unvergleichlich die Liebe der Braut und des Bräutigams. Niemand kann diese gegenseitige Besingung lesen, ohne dass etwas tief in ihm angerührt wird. Wir alle suchen die eine, die exklusive, die totale Beziehung, in die wir uns ganz einlassen können. Und wir alle wissen irgendwo in uns auch, dass eine solche Beziehung uns verwandeln wird. Sie wird nichts lassen, wie es ist. Sie erfordert ein völliges Maß an Loslassen und Aufgeben des Eigenen zugunsten des Gemeinsamen, sodass verschiedene geistliche Lehrer es „sterben" nennen. Die Liebe tötet uns, damit wir leben.

Stufe 7: Dienst

Mit allem Gebet und Flehen betet zu jeder Zeit im Geist, und wachet hierzu in allem Anhalten und Flehen für alle Heiligen und auch für mich, damit mir Rede verliehen werde, wenn ich den Mund auftue, mit Freimütigkeit das Geheimnis des Evangeliums bekannt zu machen ... (Epheser 6,18-19).

Der Dienst steht also am Ende der Liste und nicht an ihrem Anfang. Wenn es wohl auch stimmt, dass wir auf jeder Stufe anderen helfen können, weiterzukommen, und damit einen Dienst tun, so kommen wir doch erst dann in die Reife und Stärke des wahren Dienstes Christi, wenn wir ihn gesehen haben, kennen und in sein Bild verwandelt wurden – wenigstens ein Stück weit.

Was wir den Menschen mit unserem christlichen Dienst bringen wollen, ist nicht Sozialarbeit, worin die menschengemachte Kirche sich so sehr engagiert, sondern *Gott*. Der Heilige Geist lässt uns Erfahrungen mit Gott machen und führt uns durch einen Prozess der Verwandlung in sein Bild, der uns zu *Zeugen* macht. Wir überreden Menschen nicht durch gut formulierte Predigten und Traktate oder für sie nutzbringende Hilfsdienste, zu unserer Kirche zu kommen, sondern bringen sie in Berührung mit Gott. Der Apostel Paulus sagt es so: *„Meine Predigt bestand nicht in* *überredenden Worten der Weisheit, sondern* in Erweisung des Geistes und der Kraft, *damit euer Glaube nicht auf Menschenweisheit, sondern auf Gottes Kraft beruhe"* (2. Korinther 2,4-5).

Aller Dienst fließt aus der Begegnung mit Gott. Ohne diese Begegnung hat er nur den Namen, „christlich" zu sein, aber er ist rein menschlich. Uns muss klar werden, dass Jesus in unserem Dienst *nichts* von uns sehen möchte, sondern *alles* von Gott. Das heißt, wir dienen ausschließlich mit dem, was Jesus uns gibt und sagt, und mit *nichts* Eigenem. Unser Dienst besteht also in *erster Linie* daraus, *durch Gebet* so nah und einig mit Gott zu sein, dass er selbst durch uns handeln kann. Diese Verbundenheit und Einheit zu kultivieren ist eine *Arbeit im Verborgenen.*

Heute betrachten viele Christen den geistlichen Dienst nicht anders als einen weltlichen Dienst. Zuerst kommt eine Ausbildung an der Uni, dem Seminar oder in der Gemeindebibelschule. „Gott lieben" ist jedoch zumeist kein Fach, das man in den Lehrplänen findet. Obwohl alle hier genannten Stufen von fundamentaler Bedeutung sind, finden sie sich entweder gar nicht oder nur am Rande. So haben wir dann eloquente, in Auslegung und Rhetorik geschulte Redner, die gar Altgriechisch und Hebräisch können, aber keine Ahnung haben, worum es wirklich geht. Dann arbeitet man sich auf der Karriereleiter in der kirchlichen Hierarchie hoch. Ob ein solcher „Diener" etwas vom „Geist und der Kraft" weiß und Erfahrung und Reife im Umgang damit gewonnen hat oder nicht, ist irrelevant.

In manchen Kirchen wird nach einer authentischen Beziehung zu Gott erst gar nicht gefragt. Wichtig sind ganz andere, eher unternehmerische, soziale und repräsentative Fähigkeiten. Leiter großer Gemeinden werden wie Superstars bewundert und jetten durch die Welt, um ihre Erfolgsprinzipien zu verbreiten. Dass das Gebet irgendwie wichtig ist, wird schon immer wieder einmal erwähnt, aber es ist eben Beiwerk – wie ehedem. Diese Art von Vermarktungsmentalität ist dem Geist der Hurerei zu eigen, der Gott benutzt, um sich einen Vorteil und Ansehen zu verschaffen. In manchen Gemeinden ist der Pastor oder Priester so etwas wie ein „kleiner Gott". Er soll „die Geschäfte" mit dem Himmel für seine „Herde" regeln.

Die Werke Christi zu tun, das ist nur in dem Geist *und* dem Charakter Christi möglich. Sind wir immer wieder und immer öfter in seiner Nähe, dann färbt sein Wesen auf uns ab. Unmerklich werden wir wie er. Das ist wie mit Kindern, die in der Gegenwart ihrer Eltern beginnen, deren Sprache zu sprechen und ihr Verhalten zu übernehmen – ganz ohne „Schulungen". Der Schlüssel ist immer die Nähe. Haben wir sie, dann dienen wir unwillkürlich, weil Christus einfach von uns fließt. Unser Reden bringt Segen, unsere Hände Heilung, unsere Gegenwart atmet Wahrheit und Freiheit. Gott selbst führt uns zu allerlei Aufgaben und in die verschiedensten Situationen und Begegnungen, in denen wir „dienen". Jeder Schritt erfordert Glauben. Nichts geht ohne Konsultation mit dem Meister. Dann endlich bauen *nicht wir* die Kirche, sondern er. Und er baut sie mit glücklichen Kindern und nicht mit Buchhaltern und Kirchenmanagern. Gott baut überhaupt keine Imperien, sondern Familien. Er ist kein Bürokrat, sondern Vater.

Der Dienst erfordert ein Höchstmaß an Selbstlosigkeit, was uns nur im Hause des Gebets zuteilwird, wenn wir satt werden an Gottes Anblick. Ist unsere Seele aufgehoben und glücklich in Gott, kann er ihr jede Menge Vollmacht anvertrauen, ohne dass es für sie zur Versuchung wird, sich selbst daran zu bedienen oder damit anzugeben. Zu viele „Diener" wollen die Gaben des Geistes *für sich und nicht für Gott* haben.

Diejenigen, die in der richtigen Haltung – in Liebe – mit den Geistesgaben dienen, reden am wenigsten davon, weil die Gaben kein Ziel an sich sind, sondern nur Arbeitsmittel. Sie kommen zur Wirkung, wenn jemand sich Gott hingibt. Ein solcher Mensch will gar nicht mehr unbedingt dienen und etwas erreichen, tun und machen, nein, er will sich in die Gegenwart Gottes hinein ergeben, von ihr verwandeln lassen, in was sie will, und tragen lassen, wohin sie will. Er lässt alle seine Vorstellungen von „erfolgreichem Dienst" los. Das geschieht in der Wüste. Ihr Ergebnis ist immer, dass ein Mensch nicht mehr einem Dienst gehört und sich darum dreht, sondern er gehört Gott und dreht sich um ihn. Er kann einen Dienst tun, aber er kann es auch lassen. Er kann groß sein und ebenso klein, alles haben und nichts, wichtig sein und unwichtig. Er vermag alles durch den, der ihn kräftigt (vgl. Philipper 4,13). Er ist frei. *Wer keine Macht braucht, der kann sie haben.*

Für die Ambitionslosen ist der Dienst eine Sache des Glaubens und nicht eine Inszenierung ihres Egos mittels der Gaben Gottes, was eine Schande ist. Solange es mit dem Dienen um uns geht, sind wir an unser „Fleisch" gebunden, und das Ego ist der bestimmende Faktor. Freiheit von diesem „Trip" gewinnen wir nur, wenn wir die beschriebenen Stufen gehen und in die Vereinigung mit Gott kommen, die das Ego auflöst, weil es einfach nicht mehr nötig ist.

Im Hause des Gebets besteht kein gehobenes Interesse an den Werken, sondern an Gott. Die Werke sind Nebensache und nicht Hauptsache. Sie fließen aus der Einheit mit Gott, die im Gebet unentwegt neu hergestellt wird. Diese Einheit wird nicht einmal gewonnen und dann haben wir sie für immer sicher. Die Übereinstimmung und der Einklang mit Gott werden ständig neu synchronisiert und austariert – Tag für Tag.

Wie Gott selbst seine Diener beruft, wird uns sehr anschaulich in Apostelgeschichte 13 berichtet. Dort *dienten* eine Reihe von Propheten und Lehrern in Antiochien dem Herrn *mit Gebet und Fasten.* Und währenddessen sprach der Heilige Geist: „Sondert mir jetzt Barnabas und Saulus zu der Aufgabe aus, zu der ich sie berufen habe!" Diese Gemeinde diente zuerst einmal Gott und nicht Menschen. Dies ist eine Revolution, etwas, was wir heute ins Gegenteil verkehrt haben. Sie diente Gott *mit Gebet und Fasten.* Nun erhielten sie sich durch dieses Beten und Fasten in einer solchen Begegnung und Einheit mit Gott, dass der Heilige Geist ihnen ganz einfach und ganz klar mitteilen konnte, was *er wollte,* dass sie tun sollten. Es war keine kirchliche Behörde, die Barnabas und Saulus berief, qualifizierte und schließlich einsetzte, sondern der Heilige Geist selbst tat das, wie uns im 4. Vers noch einmal bestätigt wird. Die Ergebnisse dieses Dienstes waren phänomenal und gingen in die Geschichte ein. Heute können wir von so etwas nur mehr träumen.

Sowohl Jesus als auch seine zwölf Jünger würden heutzutage durch jede Prüfung fallen, die unsere Hochschulen für Pastorenanwärter anlegen. Gottes eigene Kriterien sind für unsere Institutionen gänzlich irrelevant und nur störend für das reibungslose

Funktionieren des Systems. Ich denke, kein einziger in der Bibel beschriebener „Mann Gottes" hätte im heutigen Kirchenbetrieb auch nur die geringste Chance, gehört zu werden. Die moderne Kirche würde versuchen, sie durch ihre professionelle Seelsorge zu „normalisieren" und ins System zu „reintegrieren".

Der wahre Dienst ist heute genauso wie zu allen Zeiten das Ergebnis eines Lebens in der Verborgenheit des Hauses des Gebets, wo ein Mensch vom Heiligen Geist in das Bild Christi verwandelt wird – von Herrlichkeit zu Herrlichkeit. Hat ein Mensch darin Erfahrungen gesammelt, kann er anderen den Weg weisen und ihnen behilflich sein.

KAPITEL 8

Glückseligkeit

Das Haus des Gebets,
es blitzt in der Sonne,
es strahlt und tanzt,
es ist lebendig wie alles,
was Gott geschaffen hat.

Wer überwindet, den werde ich im Tempel meines Gottes zu einer Säule machen, und er wird nie mehr hinausgehen; und ich werde auf ihn schreiben den Namen meines Gottes und den Namen der Stadt meines Gottes, des neuen Jerusalem, das aus dem Himmel herniederkommt von meinem Gott, und meinen neuen Namen. Wer ein Ohr hat, höre, was der Geist den Gemeinden sagt! (Offenbarung 3,12-13).

„Glückselig sind die, die in seinem Hause wohnen" (Psalm 84,5). Glücklich, die die Trennung *überwunden* haben und *nie mehr hinausgehen*, sondern *Teil* des Hauses werden, welches lebendig ist und aus lebendigen Steinen besteht. Die obigen Verse aus Offenbarung 3 sprechen von der Verwandlung, durch die wir gehen, indem wir lauter *neue Namen* bekommen. Neue Namen bedeuten neue Zugehörigkeiten und neue Identitäten. Dass wir nicht mehr definiert werden von „der Welt", vom „Fleisch" (Ego), von unserer „Verlorenheit" usw., ist wesentlich. Wie auch immer wir von diesen genannt und betitelt wurden, jetzt bekommen wir neue Namen und Titel.

So, wie die Kinder den Namen ihrer Eltern erben, weil sie eben ihre Kinder sind, bekommen nun auch wir von Gott neue Namen, die zeigen, wessen Kinder wir geworden sind. Wie die eben zitierte Stelle in Offenbarung 3 sagt, gibt uns Jesus den Namen Gottes und den Namen der Stadt Gottes und „seinen neuen Namen". Dies ist sehr bedeutsam, denn damit wird auf unsere neue Identität in Gott, in der Stadt Gottes und in Christus hingewiesen und wir treten auch ihr Erbe an. In Jesaja 43,2 heißt es: *„Ich habe dich bei deinem Namen gerufen, du bist mein."* Die Erfahrung, dass Gott uns „beim Namen" kennt, zerbricht die Anonymität und Distanz. Wir sind bei ihm keine Nummer in der Statistik, sondern *Kinder*, die er namentlich kennt. Das zerbricht die Entfremdung und nährt die *Vertrautheit*, die die Voraussetzung zur Glückseligkeit ist. Viele Menschen weinen in der Begegnung mit Gott, weil in seiner Nähe erst einmal das ganze Ausmaß der *Unglück*seligkeit offenbar wird, an die sie sich als „ganz normal" gewöhnt haben. Aber nach dem Schrecken kommt das Lachen. *„Am Abend ist Weinen, aber am Morgen kommt Jubel"* (Psalm 30,6).

Wie jede der Stufen im Haus des Gebets ihre spezifische Herrlichkeit hat, so hat sie auch ihre spezifische Glückseligkeit. Auf jeder Stufe gewinnen wir ein Stück mehr Macht über uns selbst – unser wahres Selbst im Gegensatz zu der Inszenierung des Egos – und können es in die Beziehung des Glaubens, der Hoffnung und der Liebe einbringen, welche die Charaktereigenschaften sind, die das Miteinander des Hauses bestimmen. Jede Stufe erfordert ein Stück mehr Selbstüberwindung, die uns dazu befähigt, ein Stück kindlicher, unbefangener und selbstloser zu werden in gesundem Sinne. Überwinden macht uns reif. Überwinden macht uns stark. Überwinden bewährt uns. Menschen, die den Weg der Selbstüberwindung gehen, den Weg der Wahrheit, Befreiung, Erweckung und Hingabe, werden zu guten Zeugen Christi und zu Vorbildern, deren Beispielen wir folgen können. Wir brauchen solche Menschen, *„an deren Leib das Leben Jesu offenbar wird".* (vgl. 2. Korinther 4,11): Menschen, die den Weg in den Himmel schon zu Lebzeiten kennen und gehen, die zu einer Brücke zwischen Himmel und Erde werden. Ihre Identität ist bereits heute weniger in den irdischen Dingen, als vielmehr in den himmlischen. Sie leben die Erlösung.

Überwinden braucht Mut und Vertrauen. Der Preis für die Herrlichkeit ist schließlich der Tod des falschen Selbst. Diese beiden Eigenschaften sind göttliche Gaben, die uns immer zuteilwerden, wenn wir zur Wahrheit und Herrlichkeit aufbrechen.

Wenn eine Gebetsgruppe zusammen diesen Weg beschreitet, ist es einerseits leichter, weil man gemeinsam stärker ist als einsam, jedoch braucht es dann auch den Mut und das Vertrauen nicht nur Gott gegenüber, sondern auch zueinander, um den Weg gemeinsam zu gehen. Am Ende aber wird es sich ja immer mitten unter den Menschen zeigen, wie authentisch wir sind und wo wir uns nur was vormachen. Niemand kann uns so gut austricksen wie wir selber. Wir sind blind für unsere blinden Flecken. Damit eine Gemeinschaft sich in ihrer geistlichen Arbeit nicht um sich selbst dreht, muss das Ziel klar sein. Das Ziel ist zunächst die Glückseligkeit der Seele in der Vereinigung mit Gott. Eine Gemeinschaft von Selbstlosen, die die Gruppe nicht nur für eigene Zwecke ausbeuten, ist natürlich in sich schon etwas Herrliches und ein Wunder. Viele sehnen sich danach, sind aber nicht fähig dazu, wenn sie den Weg der Befreiung von sich selbst und der Erfüllung von Gott nicht gehen. Das Tragische ist, dass viele recht motivierte Gemeinschaften, Gruppen und Gemeinden in traditionellen und religiösen Vorstellungen festsitzen, die sie daran hindern, *beweglich genug* zu werden, um sich *weit genug* auf die Führung des Geistes *einzulassen*, damit sie den Weg bis in die Glückseligkeit gehen können.

Wer ein Ohr hat, höre, was der Geist den Gemeinden sagt! (Offenbarung 2,7).

In jedem der sieben Briefe Jesu an die sieben Gemeinden im Buch der Offenbarung, Kapitel 2 und 3, steht am Ende dieser Satz, so als würden wir geradezu beschworen werden, doch bitte, bitte darauf zu achten, was der Geist sagt, damit wir den Status quo der Gemeinde *überwinden und weiterkommen*. Jede dieser Gemeinden oder Gemeinschaften hatte ihre Gründe, *nicht* weiterzugehen, sondern nur mehr zu erhalten, was sie hatte und darin zu erstarren. Erstarren aber ist kein Kennzeichen des Lebens, sondern des Sterbens.

Die eine Gemeinde hatte sehr viel geleistet – darüber aber die „erste Liebe" zu Jesus aus den Augen verloren. Die nächste Gemeinde ging durch Drangsal und Armut und war wie gelähmt vor Furcht. Die dritte Gemeinde war durch eine extreme Lehre verwirrt, die vierte auf falsche Propheten mit falschen Machtansprüchen hereingefallen, die fünfte hatte vergessen, wer sie eigentlich ist, die sechste war eingeschüchtert, und die siebte lau bzw. gleichgültig geworden. Wie Jesus in der Wüste versucht wurde, so wurden auch diese alle versucht, ihr Erbe der Herrlichkeit zu verraten und an die genannten Versuchungen zu verlieren.

Alle Versuchung ist daran zu erkennen, dass sie unseren „*Sinn von der Einfalt Christus gegenüber abwendet*" (vgl. 2. Korinther 11,3). Damit ist die Zerstörung der Haltung des Kindes und der Braut gemeint. Um zu dieser Haltung zurückzukehren, lässt Jesus den Gemeinden durch Johannes Briefe schreiben, in denen er sie auffordert, zur Besinnung zu kommen und (wieder) auf den Geist zu hören. Manchmal kann der hurerische Geist sehr gut getarnt sein und die Gemeinschaft mit einem frommen Lächeln unterwandern. Je wahrer und offener alle sind, desto weniger kann das passieren. Je förmlicher und anonymer es zugeht, desto leichter wird es passieren. Je mehr Raum der Heilige Geist hat, desto besser kann *er* die Schwierigkeiten behandeln. Leben wir im Haus des Gebets, so leben wir in einem solchen Maß an Selbstlosigkeit und Herrlichkeit, dass Missbrauch kaum stattfinden kann, da er im Keim erstickt wird.

Die spezifische Versuchung der Gemeinde von heute ist meines Erachtens in der Aussage von Paulus in 2. Korinther 4,17-18 zu finden. Dort sagt er, dass wir ein „*über die Maßen überreiches und ewiges Gewicht von Herrlichkeit empfangen*", **wenn wir** „*nicht das Sichtbare anschauen, sondern das Unsichtbare, denn das Sichtbare ist vergänglich, das Unsichtbare aber ewig.*"

Aufgrund unserer materialistischen Kultur ist die Gemeinde sehr um das Sichtbare und Äußere bemüht. Es geht um Außendarstellung, Prestige, Werbewirksamkeit und Gehen mit den Trends. Es geht um Geld und Verwaltung, Sichtbarkeit und Präsenz. Die Kultivierung des Verborgenen ist aufgegeben worden für die Kultivierung des Öffentlichen. Was am Ende dabei herauskommt, ist, dass den Leuten zwar ein gutes Programm geboten wird, aber keine unmittelbare Erfahrung Gottes. Die Verpackung ist wichtiger geworden als der Inhalt. Das Wichtigste am Gottesdienst ist heutzutage die Kürze und Abwechslung. Mit einer echten Begegnung mit Gott, die alle unsere Programme über den Haufen werfen würde, rechnet keiner wirklich. Und das ist die Sünde, die alles verdirbt. Irgendwann laufen die Programme sich tot und brennen die Mitarbeiter aus. Zurück bleibt maßlose Enttäuschung und ein bitterer Nachgeschmack. Die Herrlichkeit wollte sich auf unserer perfekt geplanten Darbietung nicht niederlassen. Warum nur nicht, fragen sich die Macher. Es wurde sich doch so viel Mühe gegeben. Aber Kirche *macht* man nicht, Kirche *wird* man im Prozess der Verwandlung in das Bild Christi von Herrlichkeit zu Herrlichkeit.

Kirche im Neuen Testament ist kein Gebäude und keine Veranstaltung, keine Institution und keine Hierarchie. Kirche ist die Gemeinschaft derer, die den Weg der Verwandlung gehen und Gott *wirklich* in ihrer Mitte *sein lassen*, der er ist. Es ist eine Gemeinschaft, die Gott nicht mehr ausschließt, sondern einschließt. Wenn dann Gott in ihrer Mitte Platz nimmt, geschehen all die gleichen wunderbaren Dinge, von denen wir im Neuen Testament lesen und die wir in den Berichten von Jesu Wirken finden. Denn er ist derselbe – gestern, heute und morgen. Wenn wir das erleben, sind wir glücklich – trotz allem, was noch zu verändern und zu heilen ist. In dem Moment, wo eine Gemeinschaft stehen bleibt und die Beweglichkeit verliert, beginnt sie die Herrlichkeit und Glückseligkeit zu verlieren.

Der größte Feind der Bewegung ist die sich einschleichende Routine und Gewohnheit. Jesus sagte: „Ich bin *der Weg*, die Wahrheit und das Leben." Er wird alles in Bewegung setzen (Aufbruch), zur knochentiefen Wahrhaftigkeit bringen und lebendig machen. Ihm geht es um Bewegung, Wahrheit und Leben – weniger um Dogmen und Rituale.

Und Jesus erhob seine Augen zu seinen Jüngern und sprach: Glückselig ihr Armen, denn euer ist das Reich Gottes (Lukas 6,20).

Inwiefern waren denn die Jünger „arm"? An einer anderen Stelle fragte sie Jesus, ob sie in der Zeit, die sie mit ihm unterwegs gewesen waren, jemals Mangel gehabt hätten, und sie antworteten: Niemals! Welcher Natur ist also die hier genannte „Armut"? Ich denke, es handelt sich um die Freiheit von aller Habe. Die Jünger hatten alles losgelassen, um Jesus bedingungslos zu folgen. Solange wir Bedingungen stellen, sind wir nicht „arm", sondern haben etwas, das uns festhält und abhält von der Vereinigung mit Gott. Wir haben noch etwas zu verlieren.

Wenn wir *nichts* mehr haben, hat auch die Habe uns nicht mehr. Dann können wir paradoxerweise *alles* haben, weil es für uns keine Versuchung mehr darstellt. Wieder ist dies eine typische Kindereigenschaft: Kinder haben im Sinne von Besitz eigentlich nichts, weil alles den Eltern gehört, aber da sie die Eltern haben, haben sie doch auch alles, was den Eltern gehört. In dieser *Teilhabe* sind sie glücklich, weil sie die Habe nicht von den Eltern trennt.

Die materialistische und konsumorientierte Kultur will uns ständig weismachen, Besitz mache glücklich. Jedoch vermehrt er die Sorgen ins Unermessliche, denn wir müssen uns permanent um den Besitz kümmern. Die reichen Länder des Westens sind nach allen Untersuchungen und Umfragen viel unglücklicher als die armen Länder im Osten. Da diese Menschen weniger Besitz haben, kümmern sie sich mehr um die Beziehungen als um die Dinge. Und so scheint die Armut denn „glückseliger" zu sein als der Reichtum. Dieses Prinzip können wir auch auf andere Bereiche als die der Habe übertragen. Das Problem ist dabei nicht die Sache, sondern unsere Neigung, uns daran zu hängen und dann später daran zu verlieren. Wenn *Gott* „unser Schatz" ist, werden wir glückselig sein, wenn nicht, nicht.

Glückselig die Friedensstifter, denn sie werden Söhne Gottes heißen (Matthäus 5,9).

Die verbreitete Ansicht über diesen bekannten Vers ist, dass wir alle einfach „nett" zueinander sind und „Frieden schaffen ohne Waffen", aber so einfach ist das mit dem Frieden eben nicht. Wir werden keinen Frieden „stiften" können, wenn wir ihn nicht in unserem Inneren tragen. Meine Erfahrung in über 20 Jahren Gemeindearbeit hat mir gezeigt, dass gerade die Gemeinde ein Ort permanenten Unfriedens ist, aber Konflikte tunlichst zugedeckt oder hintenherum ausgetragen werden, weil sie eben nicht die *Kraft* des Friedens hat, sondern nur schön klingende Philosophien darüber, die dem Alltag nicht standhalten.

Die Grundlage für Frieden ist Gerechtigkeit. Solange wir uns als Opfer sehen und all die erlittenen Ungerechtigkeiten und Verletzungen mit uns herumtragen, haben wir keinen Frieden und können in der Folge auch keinen stiften. Der Frieden kommt mit dem Wahrwerden, der Befreiung von den Schmerzen und der Entfachung unserer Kraft durch den Heiligen Geist. Er zeigt uns die Sorglosigkeit und Freude Gottes – und verwandelt uns in sein Bild. Danach sind auch wir sorglos und fröhlich. Jetzt erleben wir die *Kindschaft* gegenüber Gott, mit der wir zu großer Ruhe und Erleichterung „in seinem Schoß" finden. Wir sind mit keinem Umstand mehr alleingelassen und niemandem ausgeliefert. Wir besprechen jede Situation mit Jesus. Unsere Seele ist verankert in Gott und nicht so leicht von Ungerechtigkeiten auf der menschlichen Ebene zu erschüttern. Sie fühlt sich gut und aufgehoben in Gott, sodass sie in einer schönen Unabhängigkeit von menschlichem Beifall oder menschlicher Verachtung steht. Je mehr unsere Identität in Gott ist und der „Stadt, die aus dem Himmel herniederkommt", desto freier sind wir von den „Namen", die uns andere angedeihen lassen.

Gott bringt uns zurück in die Freiheit und Freude der Kinder. Der Friede der Kinder ist nicht etwas, was *sie* leisten, sondern *die Eltern*. Sie haben ihren Frieden in dem Frieden der Eltern. Haben die allerdings keinen Frieden, sondern Streit, haben auch die Kinder keinen Frieden. Wenn Gott *wirklich* unser Vater wird, haben wir Frieden in seinem Frieden. So ist es gedacht. Und so hat es uns Jesus demonstriert. Und so ist das Verhältnis im Haus des Gebets. Wir sind dort *wirklich* Kinder und Gott ist *wirklich* Vater. Und der Heilige Geist erklärt uns alles und führt uns Schritt für

Schritt in die *völlige Erfahrung* dieser Beziehung ein. Je völliger sie ist, desto völliger ist auch die Erfahrung des Friedens, der im Hause des Gebets wohnt. Gott selbst hat Verantwortung für uns übernommen und kümmert sich nun selbstverständlich auch um unser Recht. Glauben wir das, können wir locker werden und müssen uns nicht ständig selbst verteidigen.

Manche Christen denken, „Vergebung" bedeute, erlittenes Unrecht einfach zu vergessen. Aber unser Herz vergisst es nicht. Immer wieder werden die gleichen Vorwürfe und Verletzungen „ans Kreuz gebracht", aber eine Heilung gibt es nicht, denn die Heilung liegt in der Annahme der Kindschaft. Und für das Recht des Kindes sorgt der Vater und nicht das Kind. Er schreibt seinen Namen auf uns. Wer uns antastet, bekommt es mit ihm zu tun. Was immer die Ungerechtigkeit ist, die uns widerfährt, wir müssen eine Entscheidung treffen, wer die Sache regelt: wir oder Gott. Vergebung bedeutet, dass wir sie Gott regeln lassen. Dazu braucht es den Glauben, dass er es tatsächlich tun wird und die Angelegenheit nicht bis nach unserem Tod aufschiebt, um den Fall dann erst im „letzen Gericht" zu verhandeln.

Die Erfahrung zeigt: Wenn wir uns verändern, verändert sich auch alles andere. Werden wir Friedensstifter, dann wird als Reaktion darauf auch ein anderes Maß an Anerkennung und Wohlwollen zu uns zurückfließen. Wir ernten, was wir säen. Sind wir voller Frieden, bemerken wir viele kleine Ungerechtigkeiten gar nicht mehr, die uns früher gleich aufgeregt haben. Wir halten eine Menge mehr Widerstand aus als zuvor und begegnen diesem auf einer anderen, gelasseneren Ebene. Früher schlugen wir im gleichen Geist zurück. Das heißt, die Ungerechtigkeiten, Konflikte und Verletzungen steuerten unser Verhalten. Jetzt reagieren wir aber im Geist des Friedens, wodurch die Fremdsteuerung aufgehoben wird. Wir selbst bleiben in Kontrolle. Unser Friede ist *größer* als der Geist der Ungerechtigkeit, Gehässigkeit und Feindschaft. Das macht uns glücklich.

Im Haus des Gebets finden wir immer Zuflucht, und im Verborgenen wird das Böse uns nicht finden. Wir treten auf die Schwelle des Hauses und werden Kinder. Der Vater erwartet uns bereits und hat Gutes für uns vorbereitet. Da wenden sich unsere Augen von dem Unbill der Welt ab und zu Gott hin. In dem Moment, wo dieser Blickwechsel geschieht, kehrt der Frieden zurück. Wir nehmen in der Anbetung allen Sorgen und Bedrängnissen ihre Macht weg und geben sie ganz alleine Gott. Er bekommt unsere völlige Aufmerksamkeit. Dies ist es, was uns befreit und wiederherstellt. Jesus sagt, dass er uns einen Frieden gibt, den uns niemand auf der Welt nehmen kann, nämlich *seinen* Frieden.

EPILOG

Niemand hat erkannt, was die Dinge Gottes sind, als nur der Geist Gottes. Wir aber haben nicht den Geist der Welt empfangen, sondern den Geist, der aus Gott ist, damit wir die Dinge kennen, die uns von Gott geschenkt sind (2. Korinther 2,11-12).

Nun haben wir eine Menge „Input" erhalten über das Haus des Gebets: den Weg über die Schwelle hinein in seine Hallen des Glaubens, der Hoffnung und der Liebe und die bräutliche Begegnung mit Gott selbst in seinen tiefen Gemächern. Vielleicht sind wir erschrocken darüber, wie weit wir vom Weg der Verborgenheit abgewichen sind und wie viel uns von den Geheimnissen des Gebets verloren gegangen ist. Wenn wir beunruhigt worden sind, ist das gut so, denn nur die Erschütterung kann uns aus dem Schlaf aufwecken und motivieren, uns aufzumachen, das Haus für uns selbst zu suchen.

Viele Gedanken haben sich wiederholt und wurden wieder und wieder aufgegriffen – nicht, um den Leser zu ermüden, sondern um seine Aufmerksamkeit zu gewinnen. Viele Menschen sind es ja gewohnt, ein Buch erst gar nicht durchzulesen, sondern nur „drüberzufliegen" – mehr Zeit haben sie nicht übrig. Wenn ihnen dabei ein Wort wie „Wahrwerden" oder „Kindschaft" durch seine ständige Wiederholung ins Bewusstsein dringt, dann ist ein wichtiges Ziel dieses Buches erreicht. Erweckung ist Bewusstwerdung.

Am Ende dieser kurzen Betrachtung über das Haus des Gebets, will ich noch einmal mit aller Dringlichkeit darauf hinweisen, dass der beschriebene Weg nur in der Kraft des Heiligen

Geistes zu gehen ist. Zu viele Christen haben keine Beziehung zum Geist und wissen auch nicht, dass man und wie man eine solche haben kann. Aber sie ist essenziell. Jesus hat es immer wieder gesagt, und ganze Kapitel in den Evangelien sprechen über nichts anderes.

Wie die Seiten dieses Buches hoffentlich klargemacht haben, beginnt alles mit Ehrlichkeit. Auch die Beziehung mit dem Heiligen Geist beginnt damit, dass wir ihm gegenüber zugeben, wie unser Verhältnis zu ihm *wirklich* ist. Kennen wir ihn gar nicht, können wir ihm das so sagen und ihn bitten, sich uns bekannt zu machen. Verstehen wir seine Hilfe im Gebet nicht, können wir ihm auch das genau so sagen und ihn bitten, uns Verständnis zu geben. Dies ist das rechte Vorgehen in allen Belangen. Wir können uns dabei darauf verlassen, dass der Heilige Geist *für uns* ist und nur darauf wartet, uns zu helfen, denn er *ist* „der Helfer" (Johannes 14,16-17). Wenn jemand schon den Titel „Helfer" oder „Beistand" hat, dann können wir sicherlich mit seiner Hilfe und seinem Beistand rechnen!

In den verschiedenen Traditionen und Lehren der Kirche wurde der Heilige Geist häufig als nebensächlich dargestellt oder mit einer unheimlich komplizierten Theologie behandelt, durch die kein Normalsterblicher durchblickt. Am besten, wir lesen erst gar nicht allzu viele Bücher *über* ihn, sondern wenden uns direkt *an* ihn, dann kann er uns selbst sagen, wer er ist und wie er uns „beizustehen" gedenkt. Dies lege ich allen Lesern ans Herz. Denn die Schönheit und Leichtigkeit des wahren Gebets liegt in der Kooperation mit dem Heiligen Geist beschlossen.

Ihr aber, Geliebte, erbaut euch auf eurem heiligsten Glauben, betet im Heiligen Geist, erhaltet euch in der Liebe Gottes ... (Judasbrief, Vers 20).

Kontakt zum Autor:

Frank Krause
mail@hisman.de
www.hisman.de

ANBETUNG

himmlischer geliebter
wie soll ich dir sagen
dass ich dich liebe?

die worte sind so leer
worthülsen
missverständlich

wo nehme ich worte her
die ausdrücken können
was ich für dich empfinde?

alles, was ich sage
ist nur ein abglanz dessen
was du in wahrheit bist
wie kann ich dir etwas sagen
wenn ich dich nicht verstehe
und du die unbegreiflichkeit für mich bist?

du scheinst mir fern
und bist doch näher
wie irgendetwas mir nur sein kann.

was ist anbetung?

ich schweige
bin erfüllt mit liebe zu dir
mit tiefem frieden
mit empfindungen
für die ich keine worte kenne.

ich fühle mich unbeschwert
unendlich frei
in mir singen und tanzen meine lebenszellen
und wiegen sich im takt.

ich summe still vor mich hin
der geist gibt mir ein lied
das meine gefühle hinaufträgt
zu dir
meinem geliebten.

Brigitte Krause

Frank Krause, Hirtenherz

Eine himmlische Vision; 120 Seiten, Paperback

Das Buch beschreibt das Abenteuer einer tiefen Begegnung des Autors mit dem dreieinigen Gott. Die Frage nach der „wahren Hirtenschaft" hat ihn in diese Begegnung getrieben, nachdem er durch seine eigenen Erfahrungen im pastoralen Dienst eher desillusioniert war.

Wie immer, wenn Menschen Gott tief begegnen, werden sie zunächst selbst verändert, so auch der Autor. Und dann kann ihm Gott Schritt für Schritt seine Perspektive, sein Herz offenbaren, was seine Beziehung zu uns, unsere Beziehung zu ihm, Hirtenschaft, Gemeindeleben und andere spannende Themen angeht. Lassen Sie sich mit hineinnehmen ins Hirtenherz Gottes.

Wayne Jacobsen / Dave Coleman
Der Schrei der Wildgänse

Aufbrechen zu einem freien Leben in Christus jenseits von Religion und Tradition; 220 Seiten, Paperback

Wie können wir heute als Einzelne und in Gemeinschaft in der Freiheit leben, zu der uns Christus befreit hat? Wie können wir religiöse Zwänge entlarven, die uns diese Freiheit immer wieder rauben wollen?

Die Autoren beantworten diese Fragen mitten aus dem Leben. Sie zeigen auf, wie wir heute ganz praktisch mit Jesus leben und eine Freude und eine Freiheit erleben können, von der wir bisher bestenfalls träumen konnten.

Wayne Jacobsen, Geliebt!

Tag für Tag in der Zuneigung des himmlischen Vaters leben
240 S., Paperback

Das Buch, von dem Wayne Jacobsen sagt, dass er kein wichtigeres mehr schreiben werde.

Jeden Tag ein Leben zu führen, in dem wir völlig sicher sind, dass wir bedingungslos von Gott geliebt sind – ist das wirklich möglich, und wie sieht das konkret aus?

Wayne Jacobsen bringt uns Schritt für Schritt nahe, wie tief die Liebe Gottes zu uns tatsächlich ist. Wir entdecken dabei, dass wir nicht zu Sklaven, sondern zu Söhnen und Töchtern berufen sind. Die liebevolle Zuneigung unseres Vaters im Himmel gilt uns in allen Umständen. Wir erfahren eine lebendige Beziehung zu ihm, die uns von der Qual der Scham befreit und uns so verändert, dass wir wirklich als seine Kinder leben können.

Larry Kreider
Authentisches geistliches Mentoring
Anderen helfen, im Glauben zu reifen
240 Seiten, Paperback

Es ist kein Geheimnis, dass es einen großen Bedarf an geistlichen Vätern und Müttern gibt, die Mentoren für jüngere Christen sein können, um diese für ihr Leben und ihre Berufung zuzurüsten. Der Autor stellt insbesondere das Mentoring-Modell Jesu vor und zeigt auf, wie wir dieses in unserer geistlichen Familie anwenden können. Ob Sie einen geistlichen Mentor suchen oder einer werden wollen – dieses Buch ist gleichermaßen für Sie geeignet!

Mike & Sue Dowgiewicz
Zeiten der Wiederherstellung
Fundamente für ein authentisches Christsein; Fundamente für die Endzeitgemeinde

320 Seiten, gebunden

Wie können wir die Vertrautheit und Vollmacht der ersten Christen zurückgewinnen?

Dieses Buch lädt zu einer Entdeckungsreise ein. Sie lernen die Charakteristiken des urgemeindlichen, noch hebräisch geprägten Lebensstils kennen, aber auch die Fehlentwicklungen der frühen Kirche. Im Wesentlichen bietet es jedoch eine Orientierung auf dem Weg zu geistlicher Erneuerung.

Greg Violi, Das Herz des Lammes
Jesus tiefer erkennen und ihn widerspiegeln
200 S., Paperback

Gott sehnt sich nach Menschen, in deren Herzen er wohnen kann. Er möchte, dass unser Herz sein Herz, das Herz des Lammes, widerspiegelt.

Durch den Sündenfall und die Folgen sind die Herzen der Menschen mit der Saat des stolzen Herzens Satans stark verunreinigt. Die Wiederherstellung des reinen, gottgefälligen Herzens ist deshalb die schwierigste aber auch wichtigste Sache, die geschehen muss, damit die Welt die Wahrheit über Gott erkennt.

Bestellen Sie im Buchhandel oder direkt beim Verlag:

GloryWorld-Medien | Postfach 4170 | D-76625 Bruchsal
Fon: 07257-903396 | Fax: 07257-903398 | info@gloryworld.de

Aktuelles, Leseproben, Downloads & Shop: **www.gloryworld.de**